爆　　量

短视频时代的内容营销宝典

黑　牛◎著

電子工業出版社
Publishing House of Electronics Industry
北京 • BEIJING

图书在版编目（CIP）数据

爆量：短视频时代的内容营销宝典 / 黑牛著．—北京：电子工业出版社，2024.6

ISBN 978-7-121-47859-8

Ⅰ．①爆… Ⅱ．①黑… Ⅲ．①网络营销－营销策划 Ⅳ．① F713.365.2

中国国家版本馆 CIP 数据核字（2024）第 098673 号

责任编辑：张　毅
印　　刷：天津画中画印刷有限公司
装　　订：天津画中画印刷有限公司
出版发行：电子工业出版社
　　　　　北京市海淀区万寿路 173 信箱　　邮编：100036
开　　本：880×1230　1/32　印张：8.75　　字数：188 千字
版　　次：2024 年 6 月第 1 版
印　　次：2024 年 6 月第 1 次印刷
定　　价：69.00 元

凡所购买电子工业出版社图书有缺损问题，请向购买书店调换。若书店售缺，请与本社发行部联系，联系及邮购电话：（010）88254888，88258888。

质量投诉请发邮件至 zlts@phei.com.cn，盗版侵权举报请发邮件至 dbqq@phei.com.cn。

本书咨询联系方式：（010）68161512，meidipub@phei.com.cn。

推荐序

黑牛这本书是一本很好的实战指南，可以帮助你深入了解新媒体时代的内容语法和传播规律，把内容的商业价值最大限度地体现出来，让品牌传播和电商销售打破原有陈旧的观念，拥抱新的爆量可能。

——美丽修行创始人 **易 鸥**

《爆量：短视频时代的内容营销宝典》一书，深入剖析了新媒介变革下的内容新生态，以及短视频爆量的底层逻辑与实战技巧。黑牛老师结合丰富的案例和实践经验，提炼出一系列短视频内容创作的法则和方法，使内容脱颖而出，实现内容的高效传播和转化。无论你是内容创作者、广告从业者，还是电商运营者，这本书都能为你提供宝贵的经验和启示，让你在短视频领域轻松驾驭流量，获得商业价值。强烈推荐一读！

——CMO Club 创始人兼 CEO **班丽婵**

从黑牛这里学到了很多，如果只能说一条，那就是品牌的本质是帮助需求更有效率地匹配价值。我们学习爆量的相关知识，实际上是学习和尊重用户对于场景 / 价值的一致性选择。多数消费者的投票就是我们努力的方向。

——曼伦网络销售部首席运营官　**刘　虎**

未来 5 年，社交媒体不仅仅是一个获客渠道，还应该作为一种战略，进入企业家的能力版图中。《爆量：短视频时代的内容营销宝典》这本书可以帮助企业家更好地理解这种变化。

——畅销书作家　**古　典**

黑牛老师用实战经验，帮助品牌提升电商思维，寻找管理办法，打通爆品逻辑。我相信你想要的答案都在《爆量：短视频时代的内容营销宝典》一书中。

——燕之屋股份有限公司副总经理　**李良杰**

这是一本所有抖音玩家的必读书籍，尤其是抖音电商玩家。这本书从内容策略的定制到高转化流量获取的玩法，思路清晰，框架合理，教会大家在不确定性中寻找确定性，《爆量：短视频时代的内容营销宝典》让爆量更轻松！

——抖查查创始人　**波　波**

黑牛是我认识的在抖音短视频赛道上理论和实践都非常厉害的人。理论上，他兼具扎实的品牌和营销逻辑；实践上，他更有丰富的实战经验和累累战果。他的公众号，也是我必看且多次推荐的、干货满满的宝藏账号。这本书记录了他的思考、实践和沉淀，每个在抖音做生意、做传播的人都可以看看，必有收获。

——脉脉市场营销总监 **岚 岚**

如果你想做好短视频，黑牛的内容绝不可错过。我公司的运营人员都在学习黑牛，他对新媒介、千川、直播有着独特的见解，值得研究。

——丹妮茶叶创始人 **张 俊**

《爆量：短视频时代的内容营销宝典》不仅仅是一本理论指导书，更是一本实战手册。它不但适合那些渴望在新媒体领域取得突破的内容创作者，还适合那些希望在激烈的市场竞争中站稳脚跟的营销人员。在这个信息爆炸的时代，让我们跟随黑牛的脚步，一起探索内容创作的新天地，把握爆量传播的秘诀，开启一段全新的内容营销之旅。

——鹿客科技创始人 **陈 彬**

在数字内容时代，要想爆量，关键在于内容本身，这和在数字信息时代传递信息的关键在于信息本身一样。我已在营销技术领域深耕十多年，见过诸多类型的营销策略和技术，然而终究逃脱不了“好内容才能永恒”的定律。黑牛是为数不多能看透营销本质的人，他的这本汇集内容营销精华的教科书级别的著作，值得每一位营销人员阅读。它可以帮助营销人员深刻理解爆量背后的本质——内容即营销，营销即内容。

——CreatiBI CEO　**颠　木**

我认为广告只分有效广告和无效广告，这跟黑牛的很多想法不谋而合。这本书不仅讲清楚了营销的内在逻辑和战略方向，帮助人们转变观念，还介绍了很多非常实用的实操打法。作为一本实用型的指南，它值得想要爆量的营销人员人手一册。

——谷雨市场总监　**慢　慢**

不管你觉得做抖音是复杂还是简单，我想你大概会同意，要想把任何一件事做到顶尖水平，你都需要不断积累你对这件事的认知。一个更快速逼近顶尖水平的方法，就是向已经做到顶尖水平的朋友学习、请教，黑牛就是这样的朋友。我想你也一定能够通过阅读这本书，通过认真地理解黑牛在书中分享的规律、技巧以及落地的建议，更加系统、全面地了解抖音，做好抖音。

——BOP 品牌创始人 **刘 滨**

黑牛的新书《爆量：短视频时代的内容营销宝典》，剖析了在新媒体时代下爆款短视频产生的机制、内容生态的构建以及新电商的玩法，对实现品效合一提出了很多实用的方法，从而为品牌的持续增长提供可借鉴的经验。

——土巴兔创始人 **Robin**

研究如何抢夺用户注意力，早已不是什么新鲜事。但在一众技术流、速成班面前，黑牛更像一个古典派。他用极高的语言天赋，揭示了短视频营销的本质：洞察、触达、成交效率、心智深度……值得一读。

——hfp 市场营销总监 **温小霞**

黑牛老师是业内少见的既有一线实战经验，又能总结出方法论的专家。在新媒体时代，很多事情都在变化，但比起应对变化更重要的是找到不变的本质。相信你能通过这本书窥见黑牛老师的魅力。

——《高阶运营》一书作者　**龙共火火**

黑牛对内容的理解，给了我很多启发。正是看了很多他对内容的思考，我最终才在短视频内容上投下重注，也才取得了今天的成绩。跟着黑牛，读完《爆量：短视频时代的内容营销宝典》，你就是下一匹内容赛道上的黑马！

——星罗创始人兼 CEO　**许　欢**

在打造品牌的过程中，我们常说："产品是 1，营销是 0。"那么，如何做好营销呢？除了经典的 4P 理论，当今时代内容建设相当于品牌建设，内容是营销的重要基建。"内容是 1，媒介是 0"，当你有了强大的内容生产能力，你就能很好地参与竞争。黑牛在本书中一直强调"广告的终极目的是影响用户行为"，而影响用户行为的终极目的是使其做出购买决策并抢占其心智。书中讲了很多方法，值得学习。

——COOGHI 酷骑创始人　**张　均**

媒介变革带来了数字化营销革新，人群与内容相互筛选，只有那些能打动人心的内容，才能在这场"注意力战争"中脱颖而出，创造更多商业价值。黑牛在本书中介绍了爆款短视频与电商业绩增长的实战打法，值得参考。

——飞博共创合伙人　**郭　勤**

新媒体时代，创造出优质内容才是打造爆品的核武器！黑牛老师以实战经验给出了思路和方法，让我们少走了不少弯路，避开了雷区。

——海尼集团常务总裁　**徐旭升**

本书中短视频爆量的核心逻辑是黑牛经过不断实战总结出来的。他不仅介绍了爆量的核心方法，还分享了新媒介逻辑下品效协同的打法。他从根本上分析了投放不起量的核心问题，帮我们从新的视角找到了增长的突破口。

——梦尔达科技副总裁　**赵　鑫**

什么是内容电商时代最大的杠杆？是承载产品信息位的原生内容模型。黑牛提出了“信息位”这个概念，让复杂抽象的运营方法论变得具象化、可实操化。这是一本每一位内容从业者都不能错过的工具书，更是一本运营心经！

——点金手创始人　**丰　年**

创立品牌五年，听过诸多老师的课，黑牛是我认识的第一个把新媒体营销升华到体系和方法的人。《爆量：短视频时代的内容营销宝典》这本书，必然是团队内容营销的宝典，值得反复研读。

——咚吃创始人 **俞立德**

懂电商方法论的人很多，知道其底层逻辑的人却很少。黑牛的这本书不仅有传统广告学的理论知识，还有对短视频内容创作的分析。对新品牌的创业者来讲，这本书会让你思维升级。只有理解底层逻辑，方能跨越周期。力荐！

——暴肌独角兽品牌联合创始人 **阿东哥**

你所有关于千川内容的问题，都能在这本书里找到答案。跟着黑牛干，就对了。

——好望水营销总监 **林 爱**

如果想理解短视频爆量的底层逻辑，掌握爆量的语法规则，那么相信黑牛这本书一定会让你满载而归，产品大卖！

——开心文化执行总经理 **李明军**

每一个流量生态都有其独特的内容逻辑，特别是在短视频时代，更需要一位兼具产品、品牌与内容视角的“布道者”，来打破行业信息差。除了黑牛，我想不出第二人。这本书，也是唯一一本真正懂当下内容创作逻辑的书。

——尹晨俱乐部创始人 **尹 晨**

在电商时代，要坚信实践出真知，尤其是在完整认知体系下的快速迭代，更加无敌。黑牛老师的这本书从品牌、流量到产品给予读者全面的指导，对用户的洞察极深，是难得一见的电商宝典。

——福满棚创始人 **魏罗楠**

“守正出奇”是黑牛这本书的核心思想。在新媒体时代，他通过大量实战总结了一套直击本质、系统性、品效协同的打法，让我们可以慢下来仔细思考自己走的每一步。无论是对刚接触短视频行业的小白，还是对资深从业者，这本书都值得学习和借鉴。

——阿尔法蛋营销总监 **郑兴华**

各行各业都在面临流量困境。作为企业的掌舵人，我必须认清内容作为流量杠杆的重要性，也必须牢牢抓住新媒体流量革命下的新机遇。黑牛老师的《爆量：短视频时代的内容营销宝典》，完美地诠释了内容流量的商业价值和具体的打法，一字千金，值得反复阅读。

——臻牧集团副总裁 **林小亮**

黑牛的《爆量：短视频时代的内容营销宝典》对内容和品牌理解深透，真是实践出真知。本书是内容素材可视化、可落地化的实战输出，可助力新品牌实现品效合一。

——ZEESEA 抖音电商总经理 **坤 生**

《爆量：短视频时代的内容营销宝典》是一本干货满满的抖音爆款短视频创作指南，是每个抖音从业者案头必备的"圣经"。阅读此书，你将收获一整套抖音爆款短视频创作、传播与变现的方法论，为你在抖音"出道"增添助力。你离抖音爆火只差一本《爆量：短视频时代的内容营销宝典》，快来和黑牛一起解锁抖音爆款短视频的流量密码吧！

——公众号"布兰德老白"主理人 **白 岂**

这本书是打造爆款短视频不可或缺的秘籍。黑牛用他在行业内多年的经验和洞察，揭开了爆款短视频背后的数据科学。

这不仅是一本书，更是一堂深入浅出的理论课，教你如何在瞬息万变的数字世界中抓住用户的心。如果你渴望让自己的作品在数亿条内容中脱颖而出，那么《爆量：短视频时代的内容营销宝典》的每一页，都将是你走向成功的加速器。

——蝉妈妈联合创始人 **杨洪进**

黑牛的新书恰恰给出了新时代下短视频爆量的底层逻辑和实操方法！在这本书里，他带领大家了解新媒介的特点、掌握新的内容语法，教会大家通过创意和策略来吸引和保持用户的注意力，从而实现内容的爆量传播和商业转化。

——公众号“楠开口”主理人 Sally

黑牛老师这本书深入介绍了什么是抖音价值链全链路，这对大家理解抖音平台规则变化与操盘非常具有指导意义。如何在不断变化的环境中创造价值、培养人才及加速发展？这本书提供了实用的策略和思考方式，帮助读者在竞争激烈的商业世界中取得佳绩。

——图拉斯运营总监 Joe

从平台到内容再到用户，“爆量”是爆款的代名词。停下来认真思考，往往比盲目执行更重要。这本书在提升你认知的同时，也能让你找到最直接有效的答案。用户触点地图中每个颗粒的细化，都会使转化率呈指数级增长。相信大家都能在这本书中找到更多的思考维度！

——华熙生物个护直播经营管理经理 **王维娜**

要想在抖音找到流量洼地，一定要用好内容杠杆。要想用好内容杠杆，帮助品牌真正做到品效合一，必看黑牛老师的《爆量：短视频时代的内容营销宝典》。

——歌岚品牌抖音负责人 Lucas

抖音唯一不变的就是一直在变化，而变化中不变的是内容 + 产品。新的一年，要做好抖音，得持续进阶，将千川平台的内容做好。看黑牛老师的《爆量：短视频时代的内容营销宝典》，找到内容创作破局的思路。

——卡姿兰抖音负责人 **源 源**

前言

在这个信息爆炸的时代，我们正在经历一场媒介变革与营销革命的双重交锋，短视频已经成为人们获取信息、娱乐和消费的主要渠道。

抖音已经发展成为集媒介发声、品牌自播、效果广告、营销工具等诸多功能于一体的去中心化流量分发及整合营销平台。它是兼顾曝光、种草和转化的全链路新生态闭环平台，大大降低了流量的损耗，传播与转化的一体化让声量直接兑换成看得见的销量，让品效合一成为可能。

“顺境是所有人的狂欢，逆境是优秀者的天堂。”媒介的变革蕴含着无限的机遇，同时也让内容创作者和营销人员面临着前所未有的挑战。如何从海量信息中脱颖而出，实现短视频内容的爆量传播，如何用新媒介的内容语法实现内容营销，成为当前内容创作者们思考的问题。

我相信大家可以在本书中找到答案。《爆量：短视频时代的内容营销宝典》一书旨在帮助大家理解媒介变革后新的营销方式，掌握内容营销新语法，把营销预算花在刀刃上，实现爆款内容的创作和传播。本书涵盖了媒介变革后的内容新生态、能卖货的短视频底层逻辑、短视频爆量法则、短视频爆款内容方法，以及新媒介下的电商打法等内容。

本书深入剖析了短视频的内容创作和传播法则，为广大短视频内容创作者提供了实用的技巧和策略。无论你是短视频平台运营者、内容创作者，还是广告从业者，都能从本书中找到适合自己的方法和思路。

在短视频时代，内容为王。用户拥有屏幕选择权，内容成为吸引用户的关键。在媒介变革的背景下，传统内容架构失灵，我们急需改变内容架构，学会用新的内容语法创作短视频。爆量法则要求内容创作者以内容策略为先，形式大于内容，提供情绪价值，让卖点可视化表达，同时掌握可复制的模板。

以抖音为代表的短视频平台更需要内容，抖音的内容策略等同于品牌建设，在抖音做生意，你迟早要填的坑是内容的坑。

在抖音平台，内容分为两种：一种是自然内容，另一种是付费内容。自然内容靠运气、靠天赋、靠才华，做不确定的生意；付费内容靠方法、靠策略、靠效率，做确定的生意。

以千川为代表的付费内容投放工具，已经完成了第一轮迭代。如今，它比拼的不再是投放技术，因为当下人们已经达成的共识是投放没有技术，平台的智能化就是最好的技术。人工优化永远比不过平台智能优化，这是反常识的但又极其正确的。而广告主能优化的只有“素材”，这里的素材指的是付费内容。

付费内容靠方法，付费内容靠策略，付费内容靠效率。

先讲方法。从《爆量：短视频时代的内容营销宝典》一书中，你既可以看到趋势分析，也可以看到理论构建，方法论的有效性一定来自理论的构建。为什么要有方法论呢？对品牌自播内容团队而言，内容人员占比是最高的，所有团队都应该有适合自己团队的方法论，用方法论降低成本。

我觉得《爆量：短视频时代的内容营销宝典》可以成为内容从业者人手一本的内训手册。内容团队讲究的是协同作战，如果内容创作者不行，浪费的不是一个人的时间和精力，而是整个团队的，同时还会增加团队的试错成本。

再讲策略。我一直有个观点：千川的终点是素材，素材的终点是内容策略。方法论的有效性，取决于内容创作者的策略，策略是方向，方法只是基于策略的有效执行。

将来，内容策略会越来越重要。抖音当下的运行机制完全是“开卷考试”，只要内容创作者的认知一致，内容几乎相差不大。通俗来讲，内容策略能解释在方法论相似的情况下，为什么胜出的人是你。本书第 2 章至第 4 章会讲到内容策略，包括内容法则、内容方法，以及衍生的信息位理论与实战解析。只要涉及付费内容，各平台的底层逻辑都是相通的。

最后讲效率。不仅要低头赶路，还要抬头看天。赶路是学技巧，学即时有效的方法；看天是洞见趋势，基于内容的方法论和策略进行组织架构调整。当方法论和策略兼备后，剩下的就是提升内容生产效率。

在品效协同方面，内容创作者需要重视媒体属性，学习抖音电商新打法，并关注内容生产效率的解决方案。

在短视频时代，我希望《爆量：短视频时代的内容营销宝典》一书能助你一臂之力。相信通过本书的学习，你能够在短视频时代创作出独具特色的爆款内容，实现内容价值最大化，以及短视频内容的爆量传播。

目录

第 1 章
媒介变革后的内容新生态

第 2 章
能卖货的短视频底层逻辑

第 3 章
短视频爆量法则

第 4 章
打造爆款短视频的方法

第 5 章
新媒介下的电商打法

第1章 媒介变革后的内容新生态

媒介的变革将内容的衡量指标从原来的 CPM 转变为 ROI，其本质是大家对内容的期望目标从传播变成转化，传播由主观评判，而转化可客观衡量。

1.1　新媒介的更迭使用户拥有了屏幕选择权

微软公司的一项研究发现，自 2000 年至 2014 年，人们的平均注意力时长从 12 秒下降到了 8 秒。随着媒介的不断发展，信息传递的效率不断提升，信息的内容形式也越发丰富多样，但人们的注意力时长却越来越短。

而在 2023 年，移动互联网用户人均单日使用时长为 435 分钟，其中移动端视听应用人均单日使用时长 187 分钟，短视频人均单日使用时长 151 分钟，短视频已经是用户最重要的信息接收源。

传播的媒介一直在变化，而我们的创作理念
和对内容在新媒介传播的理解却是滞后的。

过去，传统的传播渠道和传统的广告投放方式之所以流行，原因是观众有耐心看完这条内容，**观众没有选择信息的权利，观众无法划走信息，只能被动地接受，**所以那时对内容创作者的要求是观众看完感动即可。观众看完这条内容，被感动、被激发、被唤醒，从而达成共情或者付出行动，那么这条内容就是成功的。

但是在短视频时代，移动媒体的普及使用户拥有了屏幕选择权，无数内容正以短视频的形式出现在用户的视野里，用户可以选择看下去或者直接划走。用户的平均注意力时长在下降，在高密集的信息“轰炸”下耐心程度和接受程度也都在不断下降，所以用户心智越来越难以形成。

传统媒介的单一性，使得心智的传播是集权式的，而当下媒介的多元性，又使得心智的传播是分散式的。这就导致营销环境的“噪声”太大，用户接收信息的渠道越来越多，所以形成心智的难度也越来越大。

在用传统媒介做营销的时代，通常一条广告可以用一年甚至几年。比如，我们经常听到的脑白金的广告语：“今年过节不收礼，收礼只收脑白金。”

脑白金这条广告语已经用了几十年，其表现形式就是两个卡通老人边唱边跳快快乐乐地唱出广告语。几十年都是如此，每年的变化顶多是老头老太太换套新衣服。这个广告语不断地重复，就是因为不断重复，所以形成了用户心智。因为那时用户没有屏幕选择权，所以只能被迫看完电视广告。

而在短视频时代，这种营销手段就会变得很低效，因为用户拥有屏幕选择权，所以用户可以随时划走当下所看的内容。比如，有一条视频广告很有趣，用户看完第一遍感觉不错，还会看第二遍。假设用户第二次刷到，依旧感觉很不错，会再看一遍；而当用户第三次刷到时，即使内容再有趣，也一定会立刻划走；第四次刷到时，用户会直接点击不喜欢，甚至还会举报该视频。因为这条视频已经影响了用户的体验感。

在短视频时代，重复触达不再能积累用户的心智，而是会给用户带来审美疲劳。

新媒介下的内容推荐是由算法驱动的，用户对内容的反馈直接决定了算法视角的内容质量标准。算法视角的内容质量标准包括点击率、转化率、三秒完播率、整体完播率、净推荐值（NPS）等。用户不喜欢或划走就是负反馈，即时的负反馈能让算法判定内容的优劣，从而让内容止步于当下的流量。

所以，新媒介对内容创作者的要求是：**首先要吸引用户，留住用户，争取更多被观看的时间；其次才是好内容的呈现。**

大多数还未适应新变化的创作者，之所以在错误的方向上走得太远，是因为忽略了如今**用户有选择屏幕的权利**，错误理解了新媒介对内容创作者的要求。他们只考虑内容的整体呈现，没有考虑到前三秒、封面或标题才是决定用户要花多长时间看内容的重要元素。

用前三秒留住观众，让用户看下去，才是短视频时代爆量的关键。

做短视频内容营销时，内容创作者要花 90% 的精力去设计开头，先用“脸蛋”争取被看见的机会，再用“思想”转化目标用户。

在短视频时代，内容从业者都有一个关于内容生产的基本共识——“**黄金三秒，白金一秒**”。这个共识的本质还是媒介的变化，用户拥有了屏幕选择权。用户拥有屏幕选择权以后，交互习惯不仅影响了内容创作本身，同时还影响了信息的传播方式。

在短视频时代，一条内容的流量衰退或者消耗衰退，**本质上是该内容目标用户的枯竭和潜在用户的不喜欢**。用户的行为反馈拉低了数据指标，进而使流量衰退，最终导致内容无法获得更多推进，无法进入下一级流量池。

因此，我们应重视用户的屏幕选择权，站在用户交互的角度做内容，停止在错误的方向上狂奔。

1.2 流量时代的内容困境——四大窘境

在流量时代，流量越来越贵已经成为既定的事实。“今天的流量费用永远比明天的便宜一点点”这句话是悬在所有广告主头上的“达摩克利斯之剑”。

一方面，我们担忧流量费用的递增，担忧当下该如何获取更多高性价比的流量，让流量赋能项目、赋能品牌、赋能增长、赋能变现。另一方面，我们也在思考如何靠内容找到流量密码，让流量再便宜一点。

1. 新媒介的变革冲击了内容生产模式

从约翰·肯尼迪在 Lord&Thomas 广告公司（博达大桥广告公司的前身）成立广告史上第一个文案部开始，“内容创意”这个词就登上了营销的舞台。20 世纪 60 年代，李奥·贝纳、威廉·伯恩巴克、大卫·奥格威更是开启了“大创意时代”，将内容创意推向了广告舞台的中央。从此，内容创意这种以“文案 + 美术”的固定组合，成了广告标准作业流程中的一环。

然而，内容创意一直在发生变化。从 20 世纪美国的麦迪逊大道，到今天杭州的直播基地；从李奥·贝纳手中的黑铅笔，到今天普通人手机里的剪映 App；从威廉·伯恩巴克宛若艺术品般的广告创意，到今天随手刷到的原创短视频；从大卫·奥格威著名的“We sell，or else”，到今天由内容创意主导的新消费品牌的崛起。尤其是在短视频营销时代开启后，内容正在快速迭代，内容的生命周期越来越短，人们对内容数量的要求也急剧增加。

以抖音为例，2020 年平台内日均投放 80 万条广告物料，是 2019 年的 3 倍。数据显示，短短一年后，这个数字又翻了数倍。2021 年平台内日均投放广告物料是 2020 年的 2.7 倍，2024 年预计日均投放广告物料近千万条，甚至更高。

用户碎片化的观看习惯已经养成，在短视频营销时代，用户拥有屏幕选择权，用户每看一次就会产生一次新的流量，每划动一次手指都在淘汰一条视频，甚至不给视频三秒的观看机会，这就导致内容被高速消耗，前端的高速消耗倒逼内容生产端必须加速运转。用户需要新鲜的内容，因为重复的内容容易让用户产生审美疲劳，而审美疲劳最直接的表现就是快速划过已经看过的内容，这又给内容生产者带来了巨大的挑战。

内容创作要求高质量、原创性、艺术性，这是慢工出细活的创作模式；而内容生产则要求工业化效率，确保某种标准质量下的高效生产，以此来对抗媒介端对内容的消耗速度。我们也可以理解为内容创作是在创作内容“母版”，内容生产是把

“母版”进行无限次工业化迭代和生产。

所以，短视频时代营销端遇到的问题是：内容创作与内容生产之间的关系平衡。

传统媒介的内容试错成本高，一旦确定投放媒介，从上到下每个部门都会介入审核，从而确定最终要投放的内容，内容一旦确定，几乎没有改动的可能性。而新媒介的投放方式则会即时反馈效果，而且针对同一条内容我们可以剪辑多个版本的视频，然后对每个版本进行小规模测试，通过即时反馈的数据来判定哪个版本更好。

> **“我知道我的广告费有一半被浪费了，但遗憾的是，我不知道哪一半被浪费了。”**
>
> **——约翰·沃纳梅克**

这就是媒介的变革带来的数字化营销的革新，所有的花费广告主都可以看见。这不仅仅是一个简单的变化，更是对内容创作者、营销策略者，乃至整个媒体产业的一种挑战与机遇。

如今，信息的传播速度快得惊人，用户的注意力也变得极其宝贵。在这样的背景下，产出高质量的内容就尤为关键了。

首先，这是一个“被看见”的问题。在信息洪流中，只有不断地推出新的内容，才能增加被目标用户看见的机会，这对品牌的知名度和影响力至关重要。

其次，内容数量的增加，意味着我们拥有更多的数据收集和分析机会。通过追踪多个内容的用户反馈，我们可以快速了解市场动态，调整营销策略，这在激烈的市场竞争中显得尤为珍贵。然而，这里的“数量”并不是单纯的数字，内容的质量依然是核心。这种质和量的平衡，要求内容创作者在保证内容质量的同时，也要加快生产速度，满足市场需求。这是一场对创意力、执行力以及对市场敏感度的考验。

新素材往往能获得更好的传播效果，而它的竞品也会被迫卷入竞争。

短视频流量仍在快速扩充，6 亿多个日活用户的长时间观看产生了更多的广告库存，库存增加需要更多的物料来填充。流量时代对内容数量的要求是对整个内容生产体系的一次冲击。因此，我们急需一场变革，使内容生产不仅要重视质量还要兼顾效率。

2. 新媒介的变革让内容进入全量竞价时代

随着新媒体的崛起，我们正式步入了全量竞价时代。在这个时代，信息传播不再是简单的“发送者—接收者”模式，而是一个复杂的、多方参与的、实时竞价的过程。

在全量竞价时代，算法驱动下的去中心化的比拼体现在两个方面：一方面比拼谁愿意以更高的价格购买流量，谁就能优先享用优质流量；另一方面比拼谁的内容更优质，更能激活用户的商业化行为，维持平台内容生态，系统就优先把流量给到谁。

我们先来分析一下新媒体环境下信息传播的新模式。不同于传统媒体固定的广告位和收费标准，新媒体平台上的广告位是动态的、实时竞价的。这意味着广告主不仅要为目标用户的每一次点击付费，还要不断优化自己的广告内容和出价策略，以争取获得更高的展现率和点击率。在这种模式下，内容的吸引力、广告的定位以及营销策略的灵活性，都成了影响广告效果的关键因素。

正如菲利普·科特勒所说的：“营销是一场感知的战争，而不是产品的战争。”在全量竞价广告的市场环境下，这句话的意义变得更加深刻。因为消费者面对的不再是几个品牌的单一竞争，而是成千上万个品牌及各种各样的内容的激烈竞争。在这样的环境下，如何让自己的广告内容从众多竞争者中脱颖而出，触达并影响消费者，是每个广告主和营销人员面临的最大挑战。

同时，全量竞价时代也为广告主带来了前所未有的机遇。广告主可以清晰地知道自己的预算花在了哪里，浪费在了哪里。数字化营销工具让广告的花费清晰可见，广告主可以实时了解广告效果，快速调整策略。这种灵活性和时效性是传统媒体广告所不具备的。

但是，机遇与挑战并存。全量竞价时代要求广告主必须具备更高的市场洞察力和数据分析能力，内容创意的重要性也被进一步增强。虽然全量竞价时代对企业的营销能力提出了更高的要求，但同时也为那些能够把握机遇、不断创新的企业提供了广阔的舞台。媒介的变化既是新的机遇，也是新的挑战，时代会奖励那些善于利用新媒介的弄潮儿。

3. 广告投放工具越来越智能化，使得广告内容成为更重要的变量

近年来，随着人工智能和机器学习技术的飞速发展，广告投放工具变得越来越智能化。这些先进的投放工具能够收集和分析海量的用户数据，预测用户行为，实现高度个性化的广告投放，从而大幅提高广告的转化率和投资回报率。但在这个过程中，一个变量的重要性进一步凸显，那就是“内容”。

内容，作为与用户直接对话的一种载体，它的质量、相关性和创新性直接决定了广告能否吸引用户的注意，引发他们的兴趣，甚至促使他们采取行动。在过去，广告投放往往依赖于广告主的直觉和经验，而在智能投放工具的帮助下，现在的广告可以根据用户的具体行为和喜好进行实时优化和个性化调整。

营销环境的发展趋势是，投放工具越智能，平台的商业化体系越成熟，用户被算法定义得就越准确。每个用户背后都有无数个标签，这些标签定义了这是一个怎样的用户，系统会识别用户的喜好，给用户推荐他喜欢的内容。同时，内容本身也在筛选用户，内容即人群定向，人群与内容相互筛选。

“营销就是故事的艺术。”

——赛斯·戈丁

在平台发展越来越成熟的背景下，广告主想通过信息不对称获益十分有限，此时内容本身的重要性才是广告主制胜的关键。

在这个信息爆炸的时代，消费者每天都会接触大量的信息，只有那些能够触动他们的情感、与他们产生共鸣的内容，才能在这场“注意力战争”中脱颖而出。这就要求广告主不仅要深入了解自己的目标用户，还要具备出色的内容创作能力，能够讲述好品牌故事，传递有价值的信息。

同时，内容的创作也不能一成不变。随着市场环境的变化，消费者的兴趣和行为也会不断发生变化。这就要求广告主要保持对市场的敏锐洞察，不断更新和优化自己的内容。广告主必须把握好“内容为王”的核心原则，迭代新形式，找到爆量点，储备新人才，只有这样才能在激烈的市场竞争中取得胜利。

所以，投放工具越智能化，内容的变量因素就越重要。在数字化营销的世界里，变革是唯一不变的常态，无论传播媒介和投放工具如何变化，内容为王都是企业持续发展并穿越周期的重要条件。

4. 新媒介的变革对内容的要求是生意增长

在广告公司流水线作业模式中，策划、创意、媒介、公关、技术等每一个要素都被精细切割，虽各精其业，各司其职，却缺乏沟通，使得内容创意距离营销目标日渐遥远。

看得见的是，新冠疫情过后，企业主开始缩减品牌广告预算，并转向效果广告[①]预算。同时，企业主也开始逐渐质疑传统广告公司的有效性，开始质疑他们所谓的创意仅仅是一次形式主义上的品牌形象工程。看不见的是，甲乙双方习以为常的病态的客户关系——“主仆关系”已根深蒂固。

看得见的是，靠谱的渠道优势和品类增长红利加持下的爆款案例；看不见的是，每年营销预算的大量浪费。内容的重要性虽一直被强调，但人们却能容忍华而不实的营销预算浪费。

品牌营销还在把大量的预算浪费在大创意上，浪费在商业电视广告（TVC）上。而商业电视广告却变成了**相似的文案、差不多的风格、影调一致的图片、不同案例的拼接，最终沦为一次性的量产化工业垃圾。**

走在市场前列的营销人已经意识到了市场的变化，媒介的变革严重影响了内容的传播方式，尤其是抖音等短视频平台的出现。它们提供的更易获取、更具互动性的海量内容，迅速吸引了用户的注意力。这些短平快、极具个人表达力的内容，使用户获取信息的路径变短了，频次变快了，重构了消费者的行为模式和感知模式，也颠覆了市场对创意的固有认知。

创意走出传统的营销传播语境，开始深入到全营销链路

---

① 效果广告是相对于品牌广告而言的一个概念。它们的区别在于目的不同，品牌广告的目的是建立品牌知名度，而效果广告的目的则是促进销售。

中，成为品牌和渠道策略的重要环节，甚至开始“创造”生意。

我们越来越不能忍受假大空且短时间内无法验证的曝光传播和心智衡量逻辑，越来越重视品效合一。这一转变的**本质是我们对内容的期望目标从传播变成了转化，传播是可主观评判的，而转化则是可客观衡量的。**

内容的衡量指标从原来的 CPM（千次展现成本）转变为 ROI（投资回报率）。

虽然人们对内容的评判纬度有很多，但是 ROI 这面“照妖镜”能让所有的假大空原形毕露。

我们一直强调“广告的终极目的是影响用户的行为”，而影响行为的终极目的是产生购买决策。如果现在有一个平台，可以直接验证你的内容的好坏，你是选择拥抱还是观望？我想你心中自有答案。

ROI 是内容的“照妖镜”，互联网营销的关键就是当下的转化。内容建设相当于品牌建设，内容是营销的重要基建。在这个人人都是内容生产者的新时代，内容生产秩序急需变革。那些能带来生意增长的内容就是好内容。

品效合一对内容的要求不仅是曝光量，还有直接转化，直接看到收益。

不可否认，抖音可以说是目前唯一万亿级集内容营销与销售转化为一体的全链路闭环交易平台，也是更务实的品效协同营销场域，而营销场域的杠杆支点是“内容破圈，自带增益效果”，全链路平台的内容建设相当于品牌建设。

在传统广告公司的畸形发展影响下，我们在做市场预算时，已经天然忘却了 ROI 这个先决条件。我们好像忘记了自己的初衷——“**改变消费者行为，影响消费者决策**”。

每一次的广告行为都应该看 ROI 这个指标，只不过有些是显性的，可以直接看得见，有些是隐性的，不可以直接看见。

随着媒介的发展革新，以抖音为代表的短视频平台的 ROI 更容易被测算出来，即便是品牌广告，我们也可以清晰地算出单次活动的投入和产出。巨量千川就是抖音最好用的效果广告投放工具之一，它以竞价广告的理性算法去检验决策方内容的准确性。

即时的 ROI 产出，则是内容的照妖镜，把看不见的评判标准转化为看得见的 ROI。这是离生意更近的事，直接检验你的创意能否带来销售与转化，让内容的评判标准从 CPM 期待变为 ROI 衡量。

先用竞价广告验证内容的准确性，然后再把竞价广告积累的内容经验在品牌广告渠道内复用和赋能，只有这样做才能在短视频时代把钱花在刀刃上。

大卫·奥格威说过："每一则广告都是对品牌形象的长期投资。"每个营销理论都有其不同的时代背景，说这句话的前提是在过往的时代，广告资源稀缺，媒介渠道单一，而放在当下是否还是最优解，值得我们深思。新时代的营销人不能迷恋老一辈的经验，"真大师"既能画抽象画也能画素描，而"伪大师"只能靠抽象和过度解读来哄抬作品的艺术价值。

1.3　传统内容架构失灵，被爆款验证的新架构出现

电影从发明到现在，其剧本结构几乎都是四段式的，即：开端—发展—高潮—结局。

每段影像几乎都可以用经典的四段式架构来对号入座，但随着平台的发展，用户的选择权越来越大，用户可以根据自己的喜好对内容进行"投票"，即时反馈。

尤其对去中心化的算法平台来说，用户的喜好决定了内容曝光的上限。在快节奏的新媒体信息爆炸时代，用户需要信息"爽感"。因此，信息密度很重要。

如今，用户越来越没有耐心，因此剧本结构也发生了变化，即：高潮—发展—高潮。

高潮即开端，高潮即结局，用户需要信息爽感。这个爽感可以是提供情绪价值、社交谈资、情感共鸣、知识的快速获取、放松身心等。因为用户有了选择权，所以传统媒体的内容创作方式变得低效和失灵。

之所以低效和失灵，并不是内容本身有问题，而是创作者不懂新媒介的“语法”。创作者忽略了媒介和交互方式的变化，主观上缺少对用户的洞察。

我们先看一个美团优选的广告案例“明天一定到”。

这虽然是一条传统的品牌广告，但是很明显创作者具备了媒介语法意识，在保留原有内容的框架下，只改变了一个开头，就让内容的传播效果变得不一样了。

广告开头的第一句话，给出了一个悬念：

“这么大的事情，你怎么都不跟妈讲？”

剧本结构上的小小改动，使得整条广告的传播效果变得不一样。因为这句话给出了悬念，给了用户看下去的理由。新媒体用户拥有屏幕选择权以后，注意力变得更为稀缺。

传统的内容创作者很容易陷入自己的惯性思维中，认为完整的片子就应该开头先出片名，然后空镜头交代环境，然后慢慢引入主题。**没有媒介语法意识的创作者，很容易忽视用户的需求。传统的内容创作者会默认用户可以完整地看完这条内容，看完后会喜欢，会被打动。但是在新媒体时代，你得先给出让用户看下去的理由，用户才有可能完整地看完你的内容。**

这与传统的内容创作者的潜意识是相违背的，所以如今的内容创作者不能只顾前端的创作，也要具备后端的运营思维和媒介语法意识。只有这样才能更好地理解叙事结构的变化，用符合新媒介的语法去讲述老故事。

在不改变原有的故事框架的情况下，只做小的改动，就能让这条内容变得不一样。

所以，内容创作者要跳出自己的舒适区，具备运营思维，考虑媒介交互，用新的叙事方式去拥抱变革，掌握叙事的新语法，避免闭门造车。

1. 黄金三秒，两重一轻

一提到黄金三秒，首先想到的就是开头第一句话。当平台还有红利时，可以用一些已经验证过的奇技淫巧来短时间内获取流量，比如使用标题搞噱头引发争议等简单套路。

但是用久了你会发现，传统平台要的是曝光和流量，流量即变现，所以再怎么夸张都不为过，只要用户点击就能达成目的。

如果内容的目的是生意增长，那么预期效果则完全不同。靠揭露人性的弱点骗取点击量的内容普遍质量较差，因为流量可变现的提前是转化，所以慢慢你会发现使用标题搞噱头这一招并不好用，只能骗取一时的流量，转化效果却一塌糊涂。

使用标题搞噱头是获取流量的下下策。在内容场生态竞争的下半程，用户已经形成了反套路的条件反射。内容看多了，有些套路一眼就能看穿，这也是很多竞价广告素材使用套路失灵的主要原因。用户被骗很多次，已经形成了反射弧，于是刷到后立即划走，根本不给你展示的机会。

使用标题搞噱头这一招失效，不代表开头第一句话失灵。事实表明，只要是在竞价体系下的短视频，开头第一句话往往是其成为爆款的首要条件。

把 90% 的精力放在开头第一句话上，用具有吸引力且不

搞噱头的内容去吸引目标用户，并使其停留。换句话说，不仅要考虑点击量，还要考虑转化率。

“高潮—发展—高潮”，就属于典型的“两重一轻”结构，这种哑铃状的内容框架是爆款短视频常见的结构。

“两重一轻”中的第一个“重”指的是开头部分，开头即高潮。开头给出足够多的信息，给用户看下去的理由，吸引用户，从而提高视频的完播率。“轻”指的是中间部分，即中间部分可以做叙事发展，叙事铺垫；第二个“重”指的是结尾部分，目的是让用户看后有所反馈——迎合算法给出正反馈以及即时的爽感体验。

短视频内容要想破圈，必须雅俗共赏，如何给不懂的人提供看热闹的价值，如何给懂的人提供看门道的体验，这是内容创作者需要思考的重点。

不要用战术上的勤奋来掩盖战略上的懒惰。在平台红利期，可以只考虑点击率和三秒完播率，而在成熟期既要考虑高点击率，还要兼顾高转化率，要做到雅俗共赏很难，因此花更多时间找到内容的呈现形式比研究内容本身更重要。

2. 白金一秒，画面取胜

撰写爆款短视频文案的基本准则就是即使不加字幕，用户

也能听得懂。

举个例子：

效果差的文案：多变的气候不会造成房屋结构性开裂。

效果好的文案：屋顶不会一下雨就漏水。

即便你的文案写得不错，用户在刷短视频时处于极度的放松状态，画面的震撼效果远比声音要强烈得多，画面效果＞文案效果的底层逻辑是画面呈现了更大的信息密度。

另外，文案还得考虑黄金三秒。画面要想取胜，第一秒要给出足够的信息量，让喜欢的用户留下，不喜欢的划走。画面取胜的另一个优势，是制造画面猎奇效果和视觉奇观。

比如拍摄美食时，再好的文案也抵不过一个有食欲的镜头；

比如拍摄风景时，再美的诗句也抵不过壁纸般的景观预览。

我们看到过很多一句话就爆赞的视频，也看到过很多一个空景镜头就有百万次点赞量的视频。因为它们都是在提供情绪价值，用文案和音乐引起用户的共鸣，评论区就是共情的留言板。捕捉普通生活中的共情点，本质上就是内容创作者对生活的细腻观察。

放弃自嗨型创作，掌握短视频时代下爆量的“语法”。

影像的本质没有发生太大变化，变化的是平台和媒介，电影有电影的语法，短视频有短视频的语法，商业电视广告有商业电视广告的语法，同样新媒体也有新媒体的语法。

对内容创作者的基本要求不变，80% 的东西可以复用之前的积累，剩下的 20% 就要去迎合平台的算法和找到用户的喜好。

在互联网时代，没有所谓的怀才不遇，去中心化的算法就是验证内容水准最公平的手段。任何内容形态和审美癖好都能在抖音中找到自己的目标受众。

如果没有内容上的新意，短视频的创作依旧是在汲取之前的养分，只不过换了一种新的媒介和传播方式。因此，创作者需要具备运营思维去考虑交互和传播，学会用短视频的语法做内容。

多数情况下，我们的短视频创作都是为商业服务。当我们的每条内容都是以做广告的目的出发时，就应该以市场的视角去思考问题，而不是以创作为视角。

短视频的内容没有好坏之分，观众的喜好大于一切。之前有个段子，据说拼多多在设计商品头图时，运营人员会听从自己爷爷奶奶的建议去修改，以爷爷奶奶的审美来定稿，迎合目标用户。

我们并非主张广告应该低俗，或者低俗的广告才对销售有帮助。我要表达的是，广告的视觉效果、风格和图像，应该交由产品和潜在顾客主导，而不是去追随当下广告业的主流做法，或者由那些重视美感的人主导。

广告不是创意，广告不是艺术；但广告可以是创意，也可以是艺术；只不过，广告不能只是创意，不能只是艺术。

自媒体时代，内容创作者最重要的能力是共情和有网感。共情是对用户情绪的洞察和感知，有网感是对内容的整体把控。共情和有网感合起来，就是能清楚地知道用户的情绪点，然后用什么样的配乐和文案打动什么状态下的人。

共情解决的是情绪的问题，网感解决的是让情绪在什么时间段出现的问题。与网感挂钩的是节奏，但快节奏不代表有网感。“内容为王”这个观点当然是正确的，但是你会发现，优秀的内容创作者一定要具备跨越周期的能力。

内容本身是不变的，观众对情绪的感知也是不变的。只是媒介在变化，不同平台间的语法也在变化，所以短视频时代的内容创作者应放弃自嗨型创作，掌握这个时代爆量的语法。

1.4　媒介语法的迭代，掌握短视频爆量的语法

我在前文中提到过，几乎所有的剧本都可以用经典的四段式结构来对号入座，而在短视频时代，用户拥有屏幕选择权后，这种叙事结构就变得低效了，甚至会因结构的拖沓而埋没一条综合评分很高但是开局评分较低的好内容。

在短视频时代，平台多数采用的是去中心化的算法，用户可以根据自己的喜好及时对内容进行反馈，反馈的方式可以是点赞、评论、分享、购买等，即时反馈会直接影响算法，用户的喜好决定了爆款内容的上限，因此信息密度很重要。

不同的内容载体，有不同的语法，因此我们首先要找到不同载体的语法；然后熟悉该规则下的语法，形成自己的内心评判标准。

在印刷广告载体下，内容语法经历了多次变化，最初主要遵循简单直接的叙事方式，通过线性结构逐步叙事，即按时间顺序阐述故事；到了后期，主要遵循“倒金字塔”原则，即把最重要的信息放在开头，然后逐步展开详细内容。

在电影载体下，由于电影一般是一个长篇故事，需要有一个完整的叙事结构。电影通常需要用较长的时间去展开故事情节和深入塑造角色，通过视觉和声音效果营造出沉浸式的观影

体验。其内容语法贯穿着四段式的叙事方式：开端—发展—高潮—结局，电影通过影像和声音展现故事的发展，并借助镜头、音效等技术手段营造氛围和悬念。如果想在电影中投放广告（如在电影中插播广告或植入广告），就需要遵循电影的语法，把广告融入故事和角色中，而不是简单地插入一段产品介绍。

在电视载体下，其内容语法延续了电影的叙事结构，同时也加入了自己的特点。例如，在电视剧集中，常常在每集的结尾设立悬念，以吸引观众观看下一集。相对来说，电视广告的内容语法比电影要简单一些，通常包括产品展示、广告语、视觉和声音效果等。电视广告的时长通常较短，需要在短时间内吸引用户的注意力并传达信息。因此，我们需要通过鲜明的视觉效果、简洁有力的广告语和明快的节奏，快速有效地表达产品信息。

在互联网载体下，其内容语法更加注重引人入胜和与用户互动，通过标题、导语吸引用户阅读，通过内链、相关阅读等方式延长用户在网页的停留时间。相比较而言，互联网广告的内容语法就更复杂了，它需要考虑到用户的点击行为、阅读习惯和搜索关键词等。比如，搜索引擎广告需要优化关键词和文案，使其与用户的搜索需求相匹配；社交媒体广告则需要与用户的社交行为和兴趣相吻合，甚至需要用到用户生成的内容或者互动元素。

随着移动互联网的发展，短视频已经成为主流的内容表现形式。受限于用户的使用场景和注意力分布，它采用了一种明显不同于传统媒体的内容语法，通常采用高潮—发展—高潮的叙事结构，即在视频一开始就展示亮点（高潮），然后进行解释（发展），最后再次达到高潮。

短视频之所以需要在一开始就展示亮点，是因为在碎片化的信息环境中，用户需要在极短的时间内决定是否继续观看。一旦视频开头没有足够吸引人的元素，用户很可能就会划过去，观看下一个内容。

这就意味着短视频从一开始就需要吸引用户的注意力。要想打造爆款短视频，需要遵循包括“黄金三秒”“白金一秒”“提供情绪价值”“形式创新”等在内的游戏规则。在视频开头就种下颇具吸引力的“种子”，结合创新的表现形式，增加画面的信息密度，进行情绪价值的传递，抢占用户心智。

吸引用户的注意力后，需要在剩余的时间内解释和发展故事。其中，可能包括人物背景的介绍、事件的发展、产品的展示等内容。这部分内容需要在保持用户兴趣的同时，提供足够多的信息让用户理解和接受前后的高潮部分。在视频的结尾部分，通常需要再次达到高潮，以增强视频的影响力，给用户留下深刻的印象，并促使其采取行动，比如分享视频、下载应用、购买商品等。这种结构可以理解为一种“强开头、强结尾、中间充实”的模式，这种模式让短视频在有限的时间内，最大限度地吸引用户的注意力，传递信息，达到传播的目的。

无论是电影、短视频，还是商业电视广告，都有其独特的内容语法。这些内容语法都是为了最大限度地吸引并保持用户的注意力，而我们需要适应并利用这些语法，制作出效果更佳的广告。我们需要用运营的思维去考虑交互和传播，学会用短视频的语法做内容。

行业虽然存在鄙视链，但内容创作者不能故步自封。

“颠覆性创新”是克莱顿·克里斯坦森在《创新者的窘境》一书中提出的概念，即一种与主流市场发展趋势截然不同的创新活动。

我们要有很清晰的自我认知，在客户面前可以光鲜亮丽，但是实际上由于决策层级的复杂性，哪怕是一个很好的创意，**其最终的形态也会因每个人的审美不同而被迫改变。**

除了少数内容能出圈，其他大多数内容最后都会沦为平庸。这不是自怨自艾，而是不争的事实。这还是在创意本身很好的前提下，而大多数情况是创意本身就平淡无奇，模仿他人，东拼西凑假装高级，江湖人称“文案裁缝”。再加上层层外包，甲→乙→丙→丁→戊，你自认为找了个极其优秀的乙方，实际上交付团队可能是你原先根本看不上眼的戊方。

代表着精英文化的传播理论已经不再适应当下的时代了，尤其是在媒介发生复杂变化的当下。精细化生产打造的商业电视广告，有时甚至不如一人拍摄剪辑的信息流广告。

短视频正在逐渐杀死大创意，人人都有创意的小时代已经来临。

之前，有些达人的短视频过于接地气甚至有些低俗，而现在部分达人的短视频的质感越来越接近品牌广告，品质在线且有流量，调性加分且有大曝光。

如今，有很多达人的小创意加上商业电视广告级的制作水准的短视频，正在以看得见传播效果的新模式来挑战故步自封的商业广告。拍得好，品牌方直接买断并在其他渠道播放；拍得不好，达人自带流量，也能完成品牌的传播目的。

双维度加持给了品牌方足够的信心去相信达人的创意，同时达人也有了足够的自由度去实现自己的创意。创意好，自然是超预期交付；即便创意不好，达人自带流量也能满足基础的曝光需求。

小创意在抢广告公司的生意，并且小创意的精致度也越来越高。在竖屏的世界里，人们开始抛弃笨重的传统工业式的拍摄方式，用更轻便、更省心的拍摄方式完成“命题”。

笨重的拍摄方式对新的传播渠道而言，是一种极大的浪费，我们要以更符合竖屏观看媒介的影像需求去拍摄短视频，把预算花在刀刃上。很多达人的创意，广告公司可能嗤之以鼻，觉得是小儿科，但恰恰是这种不用力过猛，深度理解用户并使用用户熟悉的语言把小创意落地，才是负责、用心交付的态度。

不好高骛远，不自视清高。

抖音去中心化算法是最公平的“赛马”，偶然看到朋友圈的一句话：“让觉得自己很牛的人去做抖音，去中心化算法会给他公平的答案。”

算法绝对公平，但心态要绝对好，算法残酷无情，不进则退。我们看不上的东西，不代表我们自己能真正驾驭。很多时候，它只是你认为的简单，即使你俯身去做，也不见得就能得到预期的结果，因此不要眼高手低。

第2章 能卖货的短视频底层逻辑

信息位，是定位的子集，定位涉及市场，涉及用户心智。定位解决的是品牌的长远发展问题，而信息位解决的是品牌当下的销售问题，即说服不同人群当下的消费理由或者是消费场景的需求激发点。

2.1 在竞价时代，用竞价思维做内容

在竞价时代，就要用竞价思维做内容。那么，什么是竞价思维？

对于短视频时代的内容从业者而言，你可以不会投放，但是你一定要懂投放。内容从业者必须学会用竞价思维做内容。

那什么是内容的竞价思维呢？我们以抖音的竞价广告工具“千川”为例，来讲一下竞价广告规则下内容的赛马机制。内容从业者必须以机器的视角理解机器的语言和算法，才能基于算法做内容优化。

内容创作本身是感性的，我们评判一条视频内容的好坏更多的是凭主观感受，不能被量化，而机器的语言则可以更准确地帮我们量化数据指标。市场对内容的反馈可以通过被量

化的指标反馈出来，又可以帮创作者更好地理解消费者，理解市场。

竞价思维的本质是把对内容感性的评估“翻译”成理性的评判指标，感性的内容不好评估，理性的指标则可定义标准。不过，在投放过程中也会存在各种各样的影响因素，为了便于理解，我们先排除其他变量，仅以短视频内容为唯一变量，做单一分析。

我们先引出一个竞价广告排名的基本公式：

ECPM= 出价（Pbid）× 预估点击率（ECTR）× 预估转化率（ECVR）×1000

ECPM（Expected Cost Per Mille）指的是每千次展示期望获得的广告收入，是衡量广告效果的一个指标。“Mille”在拉丁语中是“千”的意思。CPM 是按照每千次展示计算成本的，是衡量广告活动成本的一个指标。

我们可以分两个维度来理解这个公式：

（1）对平台而言，它衡量的是平台的预估收益（包括广告位收益和用户体验），是衡量广告效果的一个指标。简单理解就是平台把 1000 个广告位卖给你，它能得到多少钱，平台根据这些钱来分配广告位，以实现自己的利益最大化。

（2）对广告主而言，它表示高排名、高曝光，是一个竞价的值。也就是说，所有的广告主都在凭这个值进行竞价排名。

假设每条短视频都有一个投放计划，在排除其他干扰项的情况下，那么该短视频能否起量则取决于 ECPM 的高低，不同广告主在同一时段“赛马”的话，谁的 ECPM 排名靠前，谁就能优先获取流量。

影响 ECPM 的第一个因素：**出价**。广告平台的逻辑是希望同一个用户的变现效率最大化。也就是说，在点击率和转化率都相同的情况下，系统会优先推送给愿意花更高价格买走当下流量的客户。

所以，一旦我们确定付费流量为主流量来源，就要考虑主营产品的客单价问题，从而制定相应的投放策略。对于付费广告而言，定价策略直接决定了投放策略。

很多时候，虽然你的内容优于同行，但就是不起量，问题很可能出在“出价”上，是你的定价策略阻碍了投放策略的推进。倘若竞争对手与你的定价一样，你仍要考虑投资回报率，即使定价一样，由于投资回报率不同，也会有出价高低的差异，进而影响抢量。

当然，也不是定价越高越好，定价与转化率是博弈的关系，所以要兼顾二者的平衡，制定适合当下的竞争策略。抖音的品牌直播间定价策略的默认标准：在不改变产品性价比的情况下，通过组货盘、提高单链接客单价，进而提高出价，便于拿量。

影响 ECPM 的第二个因素：**点击率**。在投放人群不变的情况下，点击率的高低取决于内容的质量。评判竞价广告内容从业者是否合格的首要指标是点击率。点击率的高低取决于前三秒完播率，前三秒完播率又会影响整体完播率。当我们拥有竞价思维的时候，就可以用数据及数据背后的逻辑关系，目标清晰地去做内容迭代和优化。

当我们看到一条投放内容，其转化率很高，点击率却很低，就可以使用“积木法”——选取高点击率的开头与高转化率的逻辑进行积木组合，尝试多次组合，迭代内容，重新投放。**竞价广告内容从业者的能力要求：执行效率＞内容创意，用户洞察力＞文案写作能力。**

影响 ECPM 的第三个因素：**转化率**。要想控制变量，只有在投放人群不变的情况下，分析点击率和转化率才有价值。人群不变意味着 ECPM 大体不变。

影响转化率的原因分为浅层和深层两方面。

影响转化率的浅层原因可能是：

（1）短视频内容中吸引用户的卖点与产品的实际卖点不相符，只有吸引没有成交。

（2）缺少信任背书，用户存在购买疑虑，没有充分理由下单。

（3）缺少下单冲动及购买理由，营销话术和奖励机制未能有效打动用户。

（4）评论区差评较多，影响用户决策，干扰用户下单。

影响转化率的深层原因可能是：

（1）短视频素材类型所覆盖的用户群体有限，一类素材只能影响一类人。

（2）品牌的影响力与知名度影响了用户选择。

（3）第一拨流量红利已经吃完了，需要用新的素材去拓展人群。

流量的精准度是以市场渗透率为代价的。

新锐品牌与老品牌最大的区别是，对新锐品牌而言，种草即转化，所以其对产品力的要求更高。而老品牌做的内容可以触达和唤醒用户，因为以往的市场营销已经打通了不同渠道，可以多触点触达目标用户。流量的精准度约等于高转化率，而高转化率则以市场渗透率为前提。

2.2　用竞价思维优化指标，提升爆量率

当我们了解什么是竞价思维后，就要改变我们的内容生产方式。

由于传统媒介的单一性，在过去生产前必须提前敲定内容，敲定后进行饱和式投放，几乎没有试错的机会。而具备竞价思维的内容生产活动则有一定的容错率，可以基于数据反馈进行内容调优，从而达到理想的效果。

过去，内容的准确性很难判断，需要跟踪各种数据，而如今的投放工具越来越智能化，所有涉及竞价广告逻辑的内容，都可以通过数据反馈进行优化，拿到最优结果。

理解竞价思维以后，就要给予反馈数据做内容优化。这里的优化分为两个方面：点击率的优化和转化率的优化。

1. 点击率的优化

1）注重开头第一个画面

足够的信息密度，让用户产生联想，给出心理暗示，引发共情。

举个例子：儿童产品的购买决策方是家长，家长的共情点是孩子开心，孩子给妈妈拥抱，孩子给妈妈献吻，孩子的 100

分试卷，孩子拿回家的证书、奖杯和奖状，等等。

通常，人物比产品更容易引发共情，人物置于场景中比单纯只有人物更容易引发共情，产品效果体现在场景中比只有产品更容易引发共情。

所以，要特别注重开头第一个画面，基于用户的购买决策去匹配场景，基于产品效果去营造场景和氛围。提供充分的情绪价值，思考用户决策背后的动机，找到画面的共情感和理想的身份标签。

2）注重开头第一句话

常用的方法有三种：圈定人群、以问句开场、以争议作为结论。

（1）圈定人群可以是共同年龄的人群、共同特征的人群、共同行为习惯的人群。

如果我们期望短视频能直接产生收益，那么在选择短视频素材时，我们一定要遵循“素材即定向”原则，物以类聚，人以群分。什么样的内容吸引什么样的用户，开头第一句话可以筛选出我们想要的人群。

同时，要注意人群的圈定范围。从理论上来讲，圈定范围越大，越有利于我们的投放和跑量，但要注意一点：不要因想要精准人群而使圈定范围太小。在用开头第一句话圈定人群时，不仅要考虑人群的共同特征，还要考虑共同特征所覆盖的人群大小。人群圈定范围太大，容易使人群跑泛；人群圈定范围太小，容易压制消耗，不跑量。

（2）疑问句天然拥有某种魔力，因为疑问句容易让用户觉得自己和内容有关系，同时疑问句还可以引发思考，激发用户的兴趣。

人天生有好奇心，在短暂的一秒接触后，用户希望和视频内容产生关系，疑问句则打破了这面“墙”，拉近了用户与屏幕的距离，使用户产生了停留。

开头第一句话，黄金三秒台词，本质都是在找“确定性”——已经被平台验证过的爆款金句。我们可以借助数据平台工具找到确定性，比如“有米云”黄金三秒功能，它可以帮助我们更好地找到并用好爆款开头金句。

（3）有时，有争议的一句话不是要误导用户，而是在传递品牌方对产品的笃定和认可。

选好开头第一句话，是为了给用户充分的理由看完内容，进而转化用户。

3）内容的表现形式

要想成为爆款短视频，不管是商业化内容还是达人 IP，它要么创造了一种新的表现形式，要么填补了平台的内容空白。

可以说，内容表现形式的创新是爆款短视频的标配。内容文案的优化解决的是增长的问题，内容表现形式的创新解决的是翻倍爆量的问题。如果内容遇到瓶颈，就要思考表现形式了。对头部玩家而言，新的表现形式才是爆量内容的核心增长策略。

2. 转化率的优化

1）给出交互指令

在不影响画面效果的情况下，应该尽早给出明确的交互指令，比如最常见的箭头引导，应该在用户看完前三秒视频后立马给出引导，而不是等视频结束了再引导。能看到视频最后的用户，不需要你的引导，反而是播放三秒后想划走的用户更需要你想方设法让他们点击或停留，从而间接影响转化率。

2）信任背书的补充

品牌的背书虽然不是必备项，但的确是加分项。信任背书是用户决策的临门一脚，视频内容中的信任背书补充是提升转化率的有效手段。

3）内容逻辑的梳理

逻辑自洽，道理从简，给出充分的消费理由，先打动自己再打动用户，开头吸引用户的点，要与后续阐述的内容在逻辑上相符。

2.3　卖货广告内容有效的关键：找准信息位

定位理论很好，抢占心智也很好，但实现这些理论的前提是要有超额的市场预算。

随着媒介的快速发展，内容营销也需要因地制宜。以抖音为代表的短视频平台，是如何把预算花在刀刃上的？又是如何做好品效协同，用有限的预算实现最大的效果的？答案都在找准信息位。

在短视频时代，种草文案和带货文案的惯性思维是“堆砌卖点”，但这是错误的。其实，应该是先洞察用户，同时思考究竟用什么样的卖点来打动用户，影响用户决策。为了确保短视频内容有效，首先要选对**信息位**。那究竟什么是信息位呢？

信息位，是定位的子集，定位涉及市场，涉及用户心智。定位解决的是品牌的长远发展问题，而信息位解决的是品牌当下的销售问题，即说服不同人群当下的消费理由或者是消费场

景的需求激发点。

产品定位一旦确定，不会轻易改变，而信息位是可以灵活变动的，紧随产品上新改变，紧随市场变化改变，紧随消费场景改变。

根据不同的目标用户，选择不同的信息位，根据不同的潜在用户，匹配不同的**消费理由**，让用户快速下单。我们暂且把用户分为两大类：一类是 O（机会人群），他们可以直接转化为 A4（行动 Act）——刷到即下单，即便没有下单，也应该是强效果种草。在刷到这个视频之前，用户没有打算购买，是某个信息位激发了用户的购买欲望。另一类是把 A1（认知 Aware）、A2（吸引 Appeal）和 A3（询问 Ask）人群转化为 A4（行动 Act），即在刷到这个视频之前，用户还在犹豫，就因为某个信息位，便决定立即下单。

在讲信息位理论之前，我们先把营销类短视频分为两大类：

1）品牌人群的唤醒和触达

根据现代营销学之父菲利普·科特勒的 5A 营销理论，A1 和 A2 属于品牌浅层认知人群，这部分用户只是听说过品牌，并没有对品牌或产品有很深入的了解，A3、A4 和 A5 属于品牌深层认知人群。

由于人群不同、目的不同，对品牌深层认知人群而言，营销类短视频起到的作用是唤醒和触达用户。所以，对品牌深层认知人群来说，最有效的营销短视频类型是“活动优惠”“促销传达”“买赠福利”。因为用户对品牌和产品已经足够了解，而这“临门一脚”无非是让用户想起来购买，或者给出当下下单的理由。

这就能解释为什么抖音里充斥着大量的营销类视频，营销类视频本质上是在唤醒老用户，使其重新下单和复购。

2）机会人群的种草和转化

机会人群的种草和转化，则需要抛开品牌找到消费者被激发的营销点。营造消费场景，让用户感觉自己需要消费，且被种草。只有当消费场景与用户有关时，用户才有可能继续把视频看完，广告主也才有机会展示转化逻辑和陈述卖点，进而影响消费者决策。

机会人群的种草和转化对信息位的选择要求比较高，考验的是营销人员的市场洞察能力、消费者需求分析能力。

我们先看一个案例：飞科剃须刀。

2020 年，飞科首度试水直播带货，并于当年“双十一”通过一位头部主播在快手平台直播带货。根据快手战报显示，飞科剃须刀 1 分钟卖出了 20 多万件，共销售 46 万件，单品 / 店铺的交易指数均位列剃须刀类目第一名。2021 年底开始，飞科开始布局抖音，主要通过自营直播团队进行营销。

2022 年，飞科的营销团队以节日为抓手，结合促销活动打造爆款。飞科通过在特殊节日（如情人节、“520”、父亲节）推出限定礼盒套装，进行情感营销，如在七夕节推出电动剃须刀七夕限定礼盒 / 幻彩日出电动牙刷礼盒，其当月（2022 年 7 月）抖音渠道的销售表现相当可观，销售额 / 销量分别达到 1.5 亿元 /77.6 万件。从季度数据来看，在特殊节日加持下的 2022 年第二季度 / 第三季度销售表现优于 2022 第一季度，飞科抖音渠道的销售额分别达 2.2 亿元 /2.1 亿元，销量分别达 104.2 万件 /108.9 万件。2023 年 8 月，飞科的抖音电商平台销售额为 2.53 亿元，同比增长 618%，年营收有望突破 56 亿元。

飞科之所以在兴趣电商新赛道强势增长，其中最重要的原因就是信息位的选择，细数飞科在抖音平台的爆款带货短视频，几乎都是利用特殊节日推出礼盒装进行销售。因此，“送礼”就是飞科在兴趣电商平台的营销信息位。

我们先看普通用户对于飞科的固有印象：

（1）国货老品牌，父辈都在用的剃须刀。

（2）剃须刀领域性价比最高的品牌，品质有保障。

而对于兴趣电商而言，它并不是一个“**内容友好型**”产品，而且它的卖点不足以支持短视频内容的创作。用户需要下单的理由，用户需要消费场景，而“送礼”这个信息位的选择，增加了新的消费场景，增加了新的消费动机。

“送礼”这个信息位的选择，满足了女性的消费需求，每逢节日送礼的消费需求旺盛。当用户还在犹豫要买什么产品时，飞科的礼盒装短视频就触达了用户。这个信息位的巧妙之处在于飞科不仅触达了目标用户，还触达了大一拨潜在用户，即有送礼需求的群体。

所以，飞科开始定制各种礼盒装，如情人节礼盒装、生日礼盒装、父亲节礼盒装、新年礼盒装等，营造送礼的消费场景，基于兴趣电商渠道开启品牌新的增长曲线。

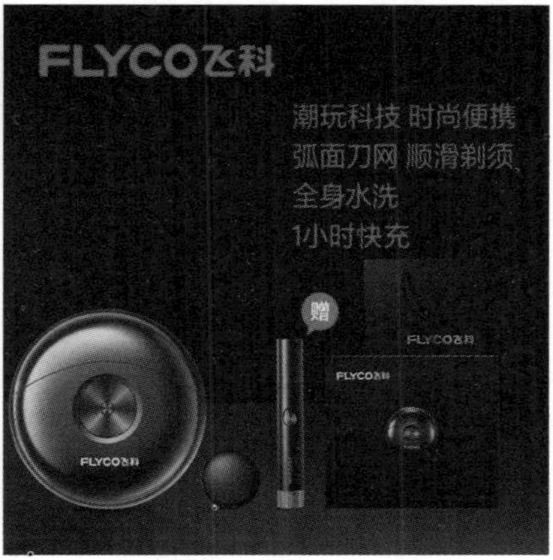

我们看一个飞科的爆款短视频文案：

谁说男朋友不需要礼物，他们只是口是心非。推荐这款飞科智能剃须刀，全身按键设计，满满的科技感，搭配星空设计外观，高级感直接拉满。高性能防水设计，用完直接水冲，方便快捷！这样一款实用性强的高段位礼物，选它送男友，听我的准没错！

文案开头第一句话直接点明信息位“送礼”，中间阐释卖点，搭配卖点画面，“高级感直接拉满”表达身份认同，给产品赋予价值，强调“实用性强的高段位礼物”，不仅务实而且精致，再次强调“选它送男友准没错”，引导用户下单。

我们再看另一个飞科的爆款短视频文案：

愿意给你买这个的女生，绝对是真爱，千万不要错过。飞科新品双头太空小飞碟剃须刀，为何让年轻人着迷？因为它科技感十足。太空小飞碟设计，小巧便捷，双头 360 度浮动，贴面剃须，IPX7 级防水，支持全身水洗，真是随心所“浴”。给男友安排上，让他每次剃须都能想到你。

“送礼”是飞科选择的第一信息位，该信息位下的目标用户主要是女性消费者。那么，对于男性消费者，应该选择什么样的信息位呢？

这就要考虑现实情况，男人多数都是实用主义，对于个人护理工具，除非坏掉，否则不愿更换，显然“更好用”“性能更好”之类的卖点无法有效影响男性用户的购买决策。如果只去影响还没有买过剃须刀或者剃须刀坏掉的用户，好像又不太符合兴趣电商的营销逻辑。所以，飞科需要思考的是：**假如用户已经拥有了一把剃须刀，如何说服用户再去买一把新的剃须刀**？

既然升级卖点也无法有效影响用户决策，那么就需要**营造新的消费场景**，通过新的消费场景激发用户的购买欲望，给出下单的理由。

所以，飞科选择的第二个信息位是“**男人的第二把剃须刀**”。产品卖点是和耳机盒一样大小，Type-c 手机通用充电口，放在车里和办公室都是应急的小帮手，同时出差使用也很方便。新消费场景的营造，挖掘了用户新的消费需求。

这时我们会思考，剃须刀除了上述几个信息位，还有哪些信息位可以打动目标用户？可能是颜值、收藏价值、个性主张、设计感、福利优惠……

任何一个品类每隔十年都会出现一次产业升级的新机会，同时也是催生新消费需求的新机会。“80 后”“90 后”可以用飞科剃须刀，而“00 后”不见得就一定要选择飞科。因为在他们的认知体系里，飞科是自己父辈选择的品牌，无法代表自己的个性。

于是，“**颜值**”和“**个性主张**”则成了新的信息位。颜值本身就是各类产品的通用信息位，颜值总能俘获人们的芳心。这也是最近营销领域在争辩的问题“选择定位还是选择定调”，定位看市场格局和生态，定调则看人群喜好和格调。而主打潮流单品的 yoose 剃须刀硬是从老玩家飞科手中抢走了一大块“蛋糕”，蝉联抖音剃须刀爆款榜第二。作为新锐品牌，yoose 第二年的销售额突破了 3.5 亿元。

yoose 的定位比较清晰，产品的颜值在线，品质也过硬。颜值高意味着“信息位”更好选择，因为高颜值产品自带内容属性，产品即内容，是典型的**内容友好型产品**。因此，yoose 的单品价格即使比飞科高出了一倍，也能与其抗衡。追求实用和性价比就选飞科，追求潮流、个性和品位就选 yoose。

飞科的信息位，yoose 当然也可以使用，可以是“送礼”，也可以是“男人的第二把剃须刀”，**只不过要把“男人”改为“男生”**。

我们看一个 yoose 的爆款短视频文案：

把剃须刀当成收藏品是种什么体验？这个礼物一定会让你印象深刻。它就是 yoose 的迷你电动剃须刀，光看外观就很酷炫，全合金材质，拿在手上特别有质感。电镀银镜面机身，充电一小时可以续航两个月，和耳机壳差不多大小，短途出差旅行真的很方便。当然，除了好看，它也非常实用，磁吸刀头设计，采用德国进口不锈钢材质，关键是它会边刮边磨，越用越锋利。加上双环弧面刀网，可以让你使用的时候更贴合脸部，不会伤到皮肤。全机身防水，用完可以直接水洗，非常方便。附上银卡涂鸦礼盒包装，送礼自用都很有仪式感。

所以，**定位解决的是品牌的长远发展问题，而信息位解决的是品牌当下的销售问题，好的信息位当然也能服务于品牌定位。**

不过，信息位会根据市场风向的变化而变化。当国内食品行业陷入添加剂舆论风波时，这时候“零添加”就是最好的信息位，因为对添加剂的讨论处在当时的舆论风口，消费者已经意识到添加剂的危害。当消费者还没有意识到时，如果我们把

“零添加”作为信息位，就会收效甚微。一旦消费者有了这种意识，这时选择“零添加”作为信息位，效果则会非常明显。

2.4 寻找信息位的方法，做爆量“收割机”

寻找信息位的方法有以下几种：

1. 借用品牌心智[①]，唤醒和触达品牌用户

先考虑自己的品牌定位是否已经占领了用户心智，并起到了一定的作用。如果品牌定位有效，且已经影响了用户心智，那么可以直接用**“定位”充当“信息位”，简单直接，十分有效。**

心智的占领和心智的成熟主要体现在 A3 人群的累积上，即便这拨人群并未沉淀到品牌的巨量云图中。举个例子，超级大牌在兴趣电商做投放时，投放的短视频多数是在触达和唤醒品牌用户。因为品牌已经有很强的用户心智，且超长时间的市场宣传积累了大量的用户，所以这类产品转化率最高的短视频内容一定是“福利优惠”。

① 品牌心智是指消费者对品牌的认知和印象，是品牌在消费者心中形成的独特形象和价值观念。

为什么说“福利优惠”“促销类视频”的转化率更高呢？这就跟“**肯德基疯狂星期四，炸鸡买一送一**”的促销手段类似，不需要给用户堆积卖点，也不需要给用户介绍品牌历史，更不需要给用户做品牌背书。因为多数用户已经属于该品牌的人群资产，你只需告诉用户优惠力度即可，**所以该类短视频的核心逻辑是唤醒和触达目标用户**。

以下三个短视频文案采用的就是这个逻辑。

有活动的时候你不买，没活动的时候你嫌贵。现在拍一发五，只要两位数。买一瓶洗发水，我送你一瓶洗发水，再送 3 支旅行装，能用一整年！×××，60 年老品牌，创新水溶液态去屑因子，真正做到长效去屑。坚持用，和头油头痒说拜拜。趁现在有活动，赶紧冲！

一瓶、两瓶、三瓶、四瓶……算了，不数了。赶紧来我直播间，××× 男士洗发水，这么多，统统让你们带走，还给你们包邮到家。先到先得哦！

我也不想买啊，可是 ××× 会员日，直播间拍一套发 16 件，我是真的好喜欢玻色因晶露，清爽补水，平衡水油；玻色因乳液，三玻抗老矩阵，改善纹纹垮垮；第三代黑精华，双重发酵精粹，维稳提亮。关键是还送这么多赠品，趁着 ××× 会员日，薅一拨羊毛！

2. 从产品差异化入手，提炼击穿决策的核心卖点

从产品差异化入手，给消费者一个选择你的产品而不选择竞品的理由。当品牌定位未有效占领用户心智时，就要考虑如何解决当下的销售问题，找到某个营销卖点然后重点突破才是王道。

这是产品升级和迭代的好机会，因此这个方法更适用于同品类产品的迭代升级。比如，某些个护产品会把“香味”单独拿出来重点宣传。某品牌沐浴露将自己产品的香味宣传得堪比香水，从而脱颖而出。可见，差异化才是成功突围的关键，并且这种差异化可以直接影响品牌的目标用户，挖掘到用户有升级产品的需求。

我们来看某品牌沐浴露的一条爆款短视频文案：

沐浴露用久了你会自带体香，是种什么体验？日落柚海，亭中橘树，月下梅里，茶歇，西泠松舍，溪畔听风。光听名字就觉得古风古色，身临其境。西泠松舍像是微风吹来的松针与柑橘的香味，朦胧但又带有一丝温暖，很适合男生。沐浴露中添加了昂贵的面护级成分，身体也应该像面部一样被对待。即使用一点也能揉出绵密丰富的奶泡，清洁力好的同时不拔干，设计简约，莫兰迪色系搭配磨砂质感。不得不说，它真的很懂

年轻人的审美，小众又高级，放在浴室也很好看。

这条视频既给用户种了草又兼顾了转化，强化了香味沐浴露的产品体验，然后利用抖音投放工具做到种收一体，品效合一。

既给了用户充分的购买理由，同时又用竞价广告的思维做内容。换句话说，就是先给用户一个看完视频的理由，然后再种草产品。

如果说电梯广告是在封闭空间对用户的“骚扰”，那么效果广告应也是占领用户心智的重要渠道。

品牌心智并非只在有高预算时才考虑，品牌应该利用好每次对外宣传的机会，效果广告也应该考虑品牌心智的传播。品牌心智应先融合内容策略再匹配效果广告，在效果广告高预算的推进下，也应留存品牌资产，不应只把效果广告当作收割渠道。

3. 营造新的消费场景，挖掘新的消费需求

新消费场景的营造，源于对用户的深刻洞察。我认为，脱

口而出的是常识，认真思考后产出的才是洞察。因此，我们应该从消费场景、体验场景、用户视角出发，给用户提供使用场景，激发购买欲望。

如果产品的信息位是“送礼”，那么送礼的场景、礼盒包装、送礼时的画面，以及收礼人收到礼物后的表情，都是影响消费者决策的有效画面。

我们来看一个关于酸菜鱼的爆款短视频文案：

我家孩子不爱吃饭的时候，我就会给他做这个金汤酸菜鱼。味道鲜美，营养丰富，孩子吃了非常好！酸菜鱼呢，本身就特别适合孩子吃。鱼肉呢，要选这种活鱼现切的黑鱼肉。料包呢，是正宗的酸菜，正宗的金汤底料。肉质肥美，加点葱花小米辣，再来一小勺热油。色香味俱全的酸菜鱼就做好了。汤鲜味美，营养丰富。家里要是有孩子的呀，你们一定要试一试这个金汤酸菜鱼。

视频里的第一句话是“**我家孩子不爱吃饭的时候，我就会给他做这个金汤酸菜鱼**”。给出的消费场景是“孩子不爱吃饭的时候”，首先这个场景是绝大多数妈妈都会遇到的，直接击中妈妈们的潜在消费需求。她们本身并没有计划购买酸菜鱼，是这条视频的信息位激发了妈妈们的购买欲望。同时，视频还配有孩子吃得很香的画面，消费者就会不自觉地认同这个产品。这样新的消费场景营造成功激发了用户的购买欲望。

再看这个爆款短视频文案：

追剧的时候，一定要来一包这种小麻花。9.9 元 100 个的小麻花，真的太好吃了，你们一定要尝尝。都是独立的小包装，有六种口味，吃起来咸香酥脆，真的是越嚼越香，好吃到根本停不下来。

视频开头的第一句话是“**追剧的时候，一定要来一包这种小麻花**”。这里，“追剧的时候”就是产品出现的场景，直接营造了一个女生在追剧时的消费场景。

再看下一个案例：

爸，妈！我真的很想问你们一个问题：为什么一条毛巾你们能用一年半载？明明都已经变干变硬了，还不肯换掉，你们就不能多爱惜自己一点吗？……对父母的关心不只是在大事上，也在小事上。

一款普通的毛巾产品，如何根据消费场景选择自己的信息位？在推广毛巾产品时，这款爆款短视频的信息位是“**对父母的关心不只是在大事上，也在小事上**”，帮父母换掉他们舍不得扔掉的旧毛巾，关心父母从小事做起。

“明明都已经变干变硬了，还不肯换掉”这个洞察深深地戳中了用户，同时靠情绪价值找到了购买需求。在刷到这条视频前，用户并没有购买毛巾的需求，是这条视频的信息位激发了用户给父母买条毛巾的欲望。

以消费场景激发消费需求的信息位判断标准是：在看到这条视频之前，用户并没有消费需求，但是看到这条视频后，激发了他们的购买欲望。

4. 借助明星和知名 IP 嫁接人群资产

新锐品牌找明星代言和知名 IP 联名，一方面是为了品牌建设和品牌形象宣传，另一方面是为了嫁接明星和知名 IP 的人群资产。新锐品牌依附于明星或者知名 IP，可以增强品牌的信任背书，进而提升转化率。

比如，水杯与可口可乐的联名，积木与奥特曼的联名，文具与哆啦 A 梦的联名，都是兴趣电商里联名的爆款产品代表。

国内有很多优秀的虚拟 IP 还没有被挖掘，比如神厨小福贵、中华小当家、黑猫警长、麦兜、阿衰等。虚拟 IP 的价格低，但是价值并不低。品牌商需要找到与自己的产品类目相匹配的虚拟 IP 联名，借助其人群资产突破现有的困局瓶颈。比如，现在比较火的虚拟 IP 要数 jojo 和 Kuromi。

目前，与 jojo 联名的儿童洗护用品卖得特别好，与 Kuromi 联名的文具产品同样也很畅销。

对于效果广告而言，明星代言的价值一方面是提供信任背书，另一方面是在借助明星的人群资产提升转化率。用户可能并不熟悉新锐品牌，但是明星这张脸用户肯定熟悉，因此，用明星代言作为信任背书，可以提升转化率。

如果预算没有那么充足，就要挖掘一些还没有被开发出来的“小明星”。比如，很多品牌会用一些省级运动员冠军作为代言人，从某种意义上来说，可能不如国家级运动员冠军有吸引力，但是对于普通消费者而言，这已经是很强的信任背书了。因为电视广告在频繁重复“国家队指定产品”，久而久之，老百姓只要看到运动员脖子上挂着金牌就以为是国家队，只要产品包装上印着类似的图案，就以为是国家队指定产品。

去挖掘类似的有潜在价值的明星艺人，寻找价值洼地，提升内容穿透力。价格悬殊，不代表价值有很大差异，去寻找类似的高价值洼地。

信息位是定位的子集，定位解决的是品牌长远发展的问题，而信息位解决的是品牌当下的销售问题。

在投放短视频素材时，品牌一定要找到自己的信息位。如果这个信息位他人无法模仿，那么它大概率是与品牌的定位高度吻合的。**倘若品牌定位不能清晰地转化为“内容友好型”，就要在此之外找到最能激发消费者下单和购买决策的最有说服力的卖点。**对新锐品牌而言，更是如此。

2.5 因选对信息位而爆量的案例解析

我们再看一个因选对信息位而爆量的案例，国产高速吹风机赛道的一匹黑马——徕芬。2022 年，徕芬高速吹风机年销售额突破 15 亿元，短短几年便拿下了多个平台高速吹风机行业第一名，成为国产高速吹风机品牌中的佼佼者。毫无疑问，它已经成为吹风机界的超新星。

接下来，我们看一看徕芬在兴趣电商平台投放短视频信息位的变化和发展历程。

1. 戴森的平替

大家是否还记得一条关于吹风机的带货短视频，内容是两个人在对话，一个人声称自己的产品“**全面超越戴森，而价格只有戴森的五分之一**”。接着，就是一场**硬科技发布会**，俘获了 B 站（短视频平台“哔哩哔哩”的简称）这拨年轻人的芳心。这里传达的最重要的信息位是“**戴森的平替**”。

矛盾营销和冲突营销一定能给用户留下深刻的记忆，有冲突才有看点，有矛盾才能引发传播，这也是营销的方式之一，以蹭流量的方式嫁接并转移戴森的品牌人群资产，以戴森为假想敌来提升自己产品的价值。不过，这种短效的行为只能解决燃眉之急，即便能抢占用户心智，其品牌忠诚度也极低。徕芬迟早会花大力气洗掉自己是平替的标签，毕竟没有哪个品牌愿意为别的品牌作嫁衣裳。

在品牌的起步阶段，徕芬选择这个信息位确实有效，毕竟找到了一个国际大品牌为参照物，也算是另一种形式上的借势。

2. 高速吹风机不伤发

带货类短视频的一条万能法则就是“**卖点可视化表达**”。徕芬的短视频投放素材里有很多把产品功能可视化表达的内容。比如，大风力可以让吹风机自悬浮、高速风力吹乒乓球击破 A4 纸、用传统吹风机加热烤焦塑料袋来模拟对头发的伤害等可视化表达。

这一系列“卖点可视化表达”的手法，都是在传达“**高速吹风机不伤发**”的信息，本质是猜中了该赛道品类升级的需求，用新技术的平价方案替代老旧产品，也是对追求美好生活品质的人群需求变化的深刻市场洞察。

3. 女生礼物套装

使用过常规信息位后，徕芬面临的就是人群破圈，要么选择新的信息位，借用新信息位去触达那些还未被触达的人群，要么更改“触点”，用其他的投放方式触达目标用户，积累人群资产，完成人群破圈，为效果广告增效蓄水。

徕芬的另一个动作是推出白色礼盒套装，与抖音星图达人联动，主打送女朋友的实用礼物，形成新的信息位，打动男性消费者为女朋友购买一台高颜值吹风机，与飞科的信息位类似。

4. 随心所欲，个性主张

“要什么芬，来什么芬，萝莉芬、淑女芬、御姐芬、大叔芬，徕芬吹风机，真的很拉芬。”这是徕芬的电梯广告语，标志着徕芬真正朝着做品牌迈进，开始表达品牌价值观和品牌主张，“随心所欲，个性主张”。

徕芬以效果广告起家，口袋盈余以后一定会用品牌广告为自己打标签。不同的广告触点和媒介方式会圈定不同的人群，徕芬接地气的打法被很多新锐品牌模仿和借鉴。

信息位营销理论更适合品效协同且能即时销售的内容生产。信息位可以完成即时销售，但是无法构建品牌壁垒，只能解决当下的销售问题。定位是针对务虚大品牌的长远战略，信息位则是针对务实小品牌的当下发展，没有对错，只有适不适合。

信息位营销理论也在渐渐影响着电梯广告。

媒介即信息，品牌上电梯广告是一种品牌声量（即在特定时间内某个渠道 / 平台上、舆情事件 / 热点话题中，品牌被提及的总数）的象征，也是品牌向“正规军”迈进的一步。传统的电梯广告都是“强心智”占领，靠封闭空间的重复循环强行占领用户心智，起到传递信息的作用。我们一般认为上了电梯广告的品牌至少还是个不错的品牌。另外，上电梯广告还能起到通过不同触点触达不同群体，提高营销渗透率的作用。

以往的电梯广告一般服务于品牌定位和用户心智，当下的电梯广告已经开始借用信息位营销考虑即时销售，让营销为效果负责。

按照我们过往的经验来判断，一个长销品不可能变成一个节日属性品，但信息位的使用就是为了解决当下的销售问题。在非饱和式投放下的即时产出和品效协同的最优解法是，一部分预算用于市场渗透，积累 A1、A2 用户，另一部分预算用于收割和即时转化。

这就像 YSL、HR、纽西之谜等在兴趣电商平台节日期间推出的礼盒套组，解决的是当下的销售问题，给了用户一个购买的需求场景和理由，而并非局限于送礼。

下面我们来看叮叮懒人菜在“年货节”前夕投放的电梯广告。

这条广告的投放并不是长期的，只是针对春节期间做的营销活动，其信息位是“过年餐桌加道菜”，营造年夜饭露一手的消费场景。预制菜能让不会做饭的消费者也能做出美味的一道菜，可见选对信息位，可以解决产品当下的销售问题。

当信息位成熟时，可以将其演变成品牌的定位，这需要其他渠道的支持。每一类投放工具只能触达一类人群，对如今日益变化的媒介渠道和逐渐完善的投放工具而言是不够的。单一触点很难完成品牌的推广，多触点才能触达更广泛的人群，从而影响用户的心智。

“仓廪实而知礼节，衣食足而知荣辱”，当品牌还未跨越“生死线”时，一些能让品牌“活下去”和“不下牌桌”的方法都是有效方法。

以品类思考，以品牌表达。你即使抱有成就伟大品牌的理想，也要兼顾眼下捉襟见肘的现实。你可以不屠龙，但不可以不磨刀；只有掌握“信息位”营销理论，做好短视频时代的内容爆量，才能把预算花在刀刃上。

沈帅波对长线思维的中肯解释：第一，短期思维的套利空间正在快速消失，你必须做长线思考；第二，长线思维并不是短期不作为，而是一种基于复利思考的商业模式。

套利空间消失，逼迫你必须做长线思考，以品牌逻辑对抗竞价内卷。流量精准度以市场渗透率为代价，流量时效性则以品牌自主权为代价。

2.6 种草文案爆量方法论：文案创作“内容金字塔”

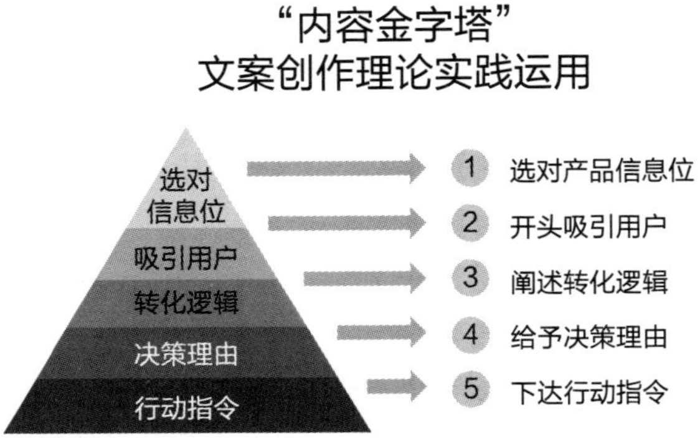

种草文案及机会人群种草兼顾转化的视频文案的创作方法，需要遵循文案创作“内容金字塔”，即五步爆量文案创作法。

第一步：**选对产品信息位，**正确选择视频文案的内容策略，比如激发消费场景、给予用户当下购买的理由等。基于产品信息位，我们要把与信息位相关的核心卖点讲透，即文案内容要与信息位相匹配。

第二步：**开头吸引用户，**即使用爆款文案开头的第一句话，或者开头吸引用户停留的画面，提高三秒完播率。开头第一句话的句式应为肯定结论或者提出疑问。

第三步：**阐释转化逻辑，**即阐释卖点。在选对产品信息位后，我们要确定产品的核心卖点，然后把核心卖点讲透，因为核心卖点是“主食”，其他卖点只是“辅食”。用户被你的“前三秒”吸引，是为了听你如何阐释信息位提到的核心卖点，所以转化逻辑是基于核心卖点的阐释。我们要站在用户的角度给予其一套完整的逻辑，比如用户为什么要选择这个产品、为什么会被种草等，避免犯“卖点堆积”的错误。

第四步：**给予决策理由，**即给予用户当下做出购买决策的信任背书和购买理由。信任背书可以是专利证明、明星代言、检测报告、权威机构评测、热销榜单等，购买理由可以是赠品福利、限时优惠、库存紧张等。

第五步：**下达行动指令，**即提醒用户赶紧行动。提醒的方式可以是明示，也可以是暗示。

下面我们就对五步爆量文案创作法进行详细介绍。

1. 选对产品信息位

对于这一步，我们先回顾一下 2.3 节介绍的信息位的概念。我们也可以将信息位理解成客户购买这个产品的核心原因。

我们再次以剃须刀为例，来回顾一下信息位的选择。如果用户已经拥有一把剃须刀，如何说服用户再去买一把新的？

你可以说新剃须刀更锋利、更好用，但这些都不是真正的信息位，只是常规卖点。信息位是让用户逻辑自洽，且能促使用户当下做出购买决策的核心卖点或者场景需求激发点。

第一个信息位可以是：**男人的第二把剃须刀。**

为什么是第二把剃须刀？你的剃须刀可能之前是放在家里的，但是很多时候，你有可能因为上班匆忙或者临时见客户忘记刮胡子，这时，如果你的车里有一把剃须刀就会很方便。这个信息位强调男人必须有两把剃须刀：一把在家里用，另一把在家外用。你可以先说明这把剃须刀放在办公室使用更方便，是出差必备神器；然后再针对出差场景和对应痛点做场景阐释和解析。

第二个信息位可以是：**送礼场景，比如送男友、老公、父亲等。**

愿意给男友买这个的女生绝对是真爱，赶紧向男友表达你的爱吧。

××××××××，赶紧给你的男友安排上，让他每次剃须都能想到你。

节日节点和营销节点都是信息位成立的条件，比如情人节送男生的礼物、女神节回赠男生的礼物、生日送男生的礼物、“520”送男生的礼物、“618”体贴男生的礼物，再加上一系列卖点支撑送礼信息位即可。

“礼盒装”是兴趣电商产品爆量的通行证。它可以让非内容友好型产品变为内容友好型产品，从而更有利于短视频内容的生产。

红色礼盒装让用户感知到的第一个信息就是“送礼”。煽情的 BGM（背景音乐）一响起，情绪价值激起的消费冲动就成了最好的需求激发点。

礼盒装可以让非内容友好型产品变为内容友好型产品。礼盒一出现就交代了很多视频场外的信息，不需要多余文字，即可唤起送礼需求，锁定送礼信息位。

用户需要用产品来寄托和表达自己的情感，至于产品本身是什么，并不是最重要的，反而是产品包装营造的氛围感和场景感更重要。

我们再看一些其他类目的信息位，比如美食。美食的安全性、性价比、包装设计等都很重要，但最重要的是其画面能不能勾起大家的味蕾，引发食欲。其他项当然也重要，但它们是加分项，不是决策项，所以引发食欲是美食的第一信息位。

对于美食类的视频，你只要把画面做好，使其有足够的吸引力，就已经成功了一半。一个有视觉冲击力的美食视频，可以勾起你的食欲，让你产生点夜宵的冲动，这才是美食视频类目核心的卖点。

服装类目核心的卖点是什么？最重要的是版型好看。你在买衣服时是先考虑衣服质量还是先考虑板型？对于非常规款服装，你通常会先考虑板型，即符不符合你的审美要求，然后才会考虑衣服的质量、面料、价格等其他因素。因此，服装类视频的制作者，一般会先突出板型好看，有氛围感，然后再辅以其他卖点。

3C（计算机、通信和消费类电子产品）数码类目的主要信息位是功能迭代和送礼方向，比如送父母的护腰仪、护眼仪、按摩仪等。

寻找信息位的第一步，是**找到真正能打动且击穿用户关键决策屏障的行动点。**

下面我们来介绍一些行业通用的信息位：价格优势、视觉冲击、明星达人、大牌衬托等，这些信息位放在任何产品上都适用。

价格优势：工厂直发大牌促销，拍一发二赠品逻辑。将赠品逻辑运用得比较好的是预制菜赛道，可以说，整个预制菜赛道都在运用赠品逻辑，行业爆款模板是“我也不想买呀，可是它送锅呀”。这句话来自某网红的网友评论区，原话是“我也不想买呀，可是他叫我美眉哎”。想一想，这不是另一种层面的跨品类学习吗？

赠品有助于提高产品价值和转化率。这里的产品为“耗材”，赠送的锅为“器材”。看到器材想起耗材，从而提高复购率，拉高整体 LTV（客户终身价值），是典型的打法。

视觉冲击：画面冲击和视觉效果，比如“暴力”开场、微距奇观等。很多美妆视频都在用微距奇观的拍摄方式，睫毛膏、口红、美瞳、眼妆等视频直接拍摄人物面部细节，拍摄过程搭配沉浸式音效，体验感十足。

明星达人：流量型的明星达人或 IP 诚意推荐，可以给产品增加信任背书，即借用明星或 IP 来提高产品转化率。

大牌衬托：把自己的产品与知名大牌放在一起，事先埋下心理价格锚点。**人的幸福感是相对的，是通过与周边环境比较得来的。产品也是如此。**虽然你的产品只卖 99 元，但是从一个名牌包包里拿出来，就会增加价值感，这就是大牌衬托产生的心理暗示。

对大多数产品而言，只要找到了独特的可视化表达方式以及精准的用户，其实就已经成功了一半。你只要做好内容及短视频素材即可，在投放逻辑下，没有流量窘境的问题。

2. 开头吸引用户

选对产品信息位以后，视频文案的大方向和转化逻辑就确定了。设置开头吸引点的目的是在快节奏流量背景下抓住用户的眼球，提高完播率，给用户一个耐心听你说下去的理由。

开头吸引点可以是一个画面，也可以是一句话。我们来回顾一下提升点击率的开头第一句话创作方法论。

常用方法一：圈定人群，素材即定向。

圈定的人群可以是共同年龄的人群、共同特征的人群、共同行为习惯的人群。比如：

家里有4~6岁孩子的，一定要看这本书。

有没有和我一样，不爱喝白开水的？

独居男生一用就会爱上的香味沐浴露。

有没有和我一样，早上来不及吃早餐的？

空腹熬夜之后，一定要喝一杯枸杞茶。

有女朋友的男生，一定要入手的圣诞礼物。

有好闺蜜的，一定要送这款新年巧克力。

投放系统越来越智能化，如果我们希望短视频能直接产生收益，那么我们在选择短视频素材时，一定要遵循“素材即定向”的原则。物以类聚，人以群分，什么样的内容吸引什么样的用户。开头第一句话圈定人群，目的就是筛选出我们的目标用户。

但是，我们要注意人群的圈定范围。举例来说，如果我们的目标用户是“精致妈妈”“新锐白领”等女性用户，那么开头第一句话不同，人群圈定范围也完全不同。

（1）所有女生们，注意啦！

（2）对生活品质有要求的女生们，注意啦！

（3）海外留学归来的上海女博士们，注意啦！

上面三句不同的开头所圈定的人群范围逐渐缩小。从理论上来说，人群圈定范围越大，越有利于我们投放跑量，所以要注意盲区——因为想要人群精准而使圈定范围太小。在选择开头第一句话圈定人群时，我们不仅要考虑共同特征，还要考虑共同特征所覆盖的人群大小。人群圈定范围太大，容易造成人群定位不准确；人群圈定太小，容易导致目标用户太少，影响销售。

常用方法二：灵魂一问，以疑问句开场。

疑问句存在某种力量，可以让用户觉得自己和短视频内容有关系，同时疑问句可以使用户停留，引发用户思考，激发用户兴趣。我们先看几个爆款带货短视频的开头第一句话。

洗衣液用久了自带体香，是种什么体验？

洗完头自带高级撩人清香，是种什么体验？

身体被沐浴露“腌”入味了，是种什么体验？

你们有多久没给老爸买衣服了？

你知道蒸汽热敷 5 分钟后的眼睛有多舒服吗？

你知道香氛洗衣液洗出的衣服，味道有多高级吗？

你知道常喝枸杞茶的“后果”吗？

为什么有钱人都喜欢用 ××× 洗发水？

“×××××，是种什么体验？”是带货短视频的一个爆款金句。用户都有好奇心，在短暂接触一秒钟后，用户希望和短视频内容产生关系。疑问句打破了这面“墙”，拉近了用户的现实生活与屏幕叙事的距离，所以用户才愿意停留下来。

常用方法三：引发争议，以偏概全。

开头第一句话引发争议、以偏概全，不是为了误导用户，而是为了传递我们对产品的笃定和认可。

这是你女 / 男朋友一定喜欢，但不一定舍得买的礼物。

朋友圈的一百个赞不如给父亲一次的陪伴，让他尝尝年轻人的爱。

应该没有哪个女孩子能拒绝乌龙茶香味的手帕纸吧？

所有上小学的孩子都可以靠这本书打一场翻身仗。

千万别给孩子玩这款科教积木，我怕他进步得太快。

选好开头第一句话，首先是为了给用户一个充分的理由看完短视频内容，其次才是提高销售转化率。

下面我们给大家提供 10 个话术模板，这些模板是通用的，大家可以在其基础上去做迭代。当然，我们提供的只是一个思考框架，你需要自己去填补内容。我们的目的是引发你思考，帮助你沉淀自身类目的创作框架。

（1）提出疑问：你有没有这种体验？敷上 -1℃的面膜是种怎样的体验？

（2）发出警告：我真的很后悔，后悔现在才入手这个 ×××；千万不要买这种 ×××。

（3）直击痛点：女生都懂的尴尬瞬间；上妆前涂防晒霜最怕的就是不干爽和假白。

（4）引发好奇心：年入百万的女生都在用的大牌护肤品平替？竟然有人说我长得像大明星！

（5）提供情绪价值：很多人在问，老牌 ×× 还在吗；国产 ×× 的时代终于来了；国货之光 ×××。

（6）解决问题：×× 邋遢的原因找到了；女朋友总是不理你的原因找到了；××× 的解决方法找到了；

（7）强调价格优惠：有活动的时候你不买，没活动的时候你嫌贵；我也不想买呀，可是它送锅呀。

（8）展示需求场景：追剧的时候一定要准备一包好杏干；下班点外卖，不如来包懒人菜；一个人的时候 ×××××。

（9）送礼方向：谁说男朋友不需要礼物，他们只是口是心非；男生的礼物可以不贵，但一定要选对。

（10）给出信任背书：×× 明星都在用的 ××××；××× 明星推荐的果真是 yyds（永远的神）；闺蜜推荐的 ××××× 是真的好用。

无论我们想做哪一个类目，都可以跨平台去挖掘和洞察该产品评论区或者目标竞品评论区促使用户成交的关键词。我们要学会分析用户评论，因为那是**用户最真实的反馈**。

3. 阐释转化逻辑

产品转化逻辑可以理解为产品的具体卖点，但是我们要切忌进行卖点的堆积。我们要先找到与信息位契合的主卖点，用通俗易懂的语言把主卖点表述清楚，给予尽量多的支撑论据，然后再挖掘其他卖点。

挖掘卖点的方向可以是地域、价格、背书、人群、材质、品牌、理念、外观、功效、专利、工艺、明星、情怀、源头、服务等。

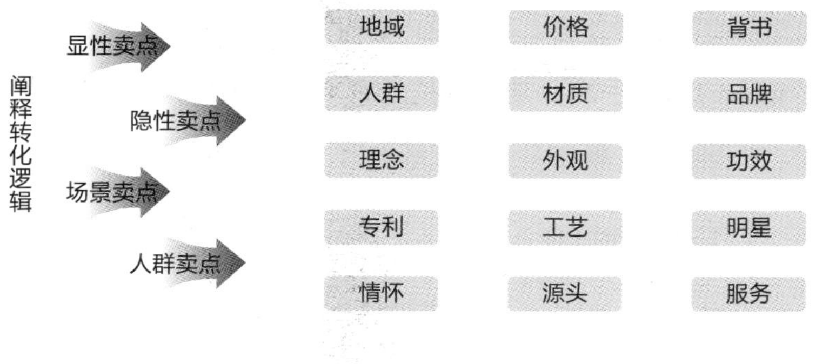

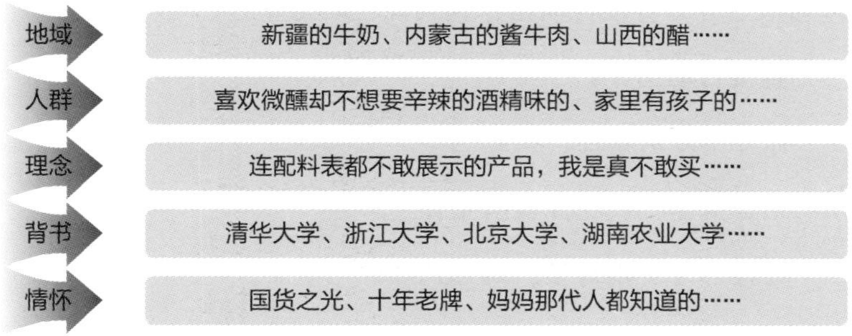

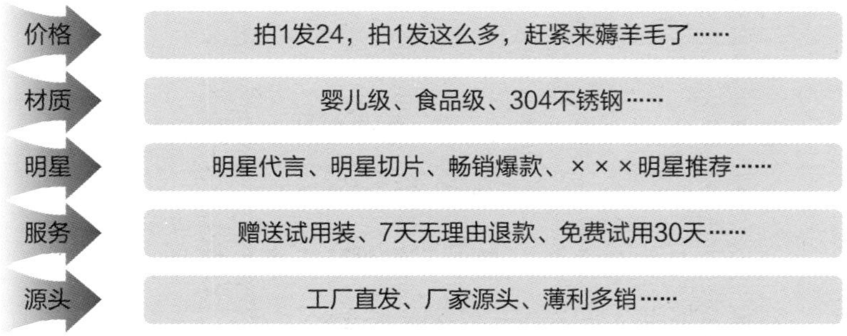

4. 给予决策理由

决策环节以信任背书作为支撑，信任背书是用户做出购买决策的重要参考依据。在视频内容中添加信任背书是我们提高转化率的有效手段。常见的信任背书包括明星代言、专利证明、检测报告、畅销举证、权威报道、专家推荐等。

5. 下达行动指令

我们在视频内容的最后要做好引导工作，下达行动指令。行动指令分为直接行动指令和间接行动指令。

直接行动指令：

你可千万别错过！

点击头像，我在直播间等你。

链接已经安排好了，姐妹们冲就完事了！

点击下方小黄车，满满的惊喜带回家。

间接行动指令：

坚持一星期，回来告诉我你的小惊喜。

想象把它拿回家的场景，一定有意料之外的小惊喜。

房子是租来的但生活是自己的，对自己好一点，别委屈自己。

关心父母不仅要从大事上，还要从小事上做起。

想象男朋友使用它时开心的样子，真的有点迫不及待呢！

基于以上五步爆量文案创作法给自己的视频打分，你可以参考下面的表格。

自检问题	打分（10 分制）	问题备注
1. 开头第一个画面是否吸引人？是否可以提高用户停留的时间？		
2. 第一句文案是否给出“结论”，或者提出“疑问”？		
3. BGM 是否使用热门音乐？是否有熟悉感？		
4. 文案是否采用口语化表达？不加字幕用户也能听懂？		
5. 单个卖点是否阐述清楚？是否避免卖点堆积？		
6. 符合哪一条内容策略？文案转化逻辑是否顺畅且有信服力？		
7. 文案与场景画面是否匹配？		
8. 是否有引导动作？是否有行动指令？		
9. 配音是否清晰、亲切、自然，符合目标用户预期？		
10. 是否添加信任背书，或者有“逼单”的话术？		

下面我们来看一个洗衣凝珠产品的错误文案。

这款樱花乌梅子调洗衣凝珠，好闻得像初恋的味道，一颗就能持久留香，让洗过的衣服自带甜美樱花香味。法国调香师与国产老品牌的碰撞，融入独特情绪香氛科技，赶走你的坏情绪。内含的柔顺因子让你洗起贴身衣物来更加放心。一颗洗衣凝珠包含了洁净、柔顺、留香、除菌除螨四种功效，不管是运动汗渍还是发黄的领口，都能轻松搞定，且一颗就能清洗一大堆衣物。它浪漫的樱花造型助你打造甜妹的专属香气，女生直接冲！

上述文案呈现的问题：

（1）只是在罗列卖点，不是在种草，是单纯的卖点广告。

（2）开头第一句话既不是在肯定结论也不是在提出疑问，无法吸引用户停留。

（3）信息位不清晰，不知道文案在阐释哪个核心卖点。

（4）没有任何场景感，卖点也非常“虚”，比如“初恋的味道”与“赶走你的坏情绪”之间没有逻辑性。

（5）种草文案的关键在于采用口语化表达，而上述文案没有让用户体会到口述视频的真实感。

如果我们的主打信息位是“**香味**”，那么我们应该把“**香味**”这个卖点讲透，而不应该把所有卖点都讲一遍。

下面我们来看按照五步爆量文案创作法修改后的文案。

把春天樱花的香味留在衣服里是种怎样的体验？我真的吹爆 ××× 家的这款香氛洗衣凝珠。你只有用过以后才知道，衣服的淡淡清香，是香水无法代替的高级感。尤其是这种樱花香，真的是精致女生高品位的首选，自带的伪体香真的很高级。它与市面上的其他产品很不一样，不添加那种刺鼻的劣质香精，是 ××× 与法国调香大师联合的匠心之作。它的前调是乌梅和苹果花的甜香舒心，中调是樱花和铃兰的花香绽放，尾调是木香和雪松的优雅舒缓。它既有樱花的浪漫，又有乌梅的香甜，真的很难让人拒绝！而且它还是四腔设计，小小一颗搞定洁净、柔顺、留香、除菌除螨，四效合一。××× 不愧是国货之光，56 年的老国货品牌值得信赖。现在下单还送三袋试用装，到手足足 108 颗。趁着有活动，赶紧试试樱花的浪漫高级香吧！

基于五步爆量文案创作法，我们来看一篇完整的种草文案。

姐妹们，这款 ××× 家的沐浴露真的太太太好闻了！你用完以后，不单单身上是香的，你睡过一晚上的被窝、穿过的衣服都是香的。尤其是夏天特别爱出汗的小姐妹，你会发现你越出汗它越香。好看又好闻的沐浴露赶紧安排上！

和我一样喜欢高级木质香的看过来。它有一种纯粹而俏皮的迷人气息，混着咖啡和薰衣草的淡奶香。刚用时你会感受到一种橘子爆汁的气息扑面而来，这种微苦的果香特别诱人；随后是檀香木带来的浓厚气息，这种沉稳舒适的气息让人有一种手捧咖啡穿梭在林间的感觉。男生用它，会有一种纯净的少年感；女生用它，会有一种不食人间烟火的清冷感。

而且 ××× 家用的香料都非常好，都是跟 ××× 等香料公司合作的，并且与瑞士的 ××× 等业内知名的调香大厂合作。它的品质真的很好，完全不是那种劣质香。用了它，男友的嗅觉和注意力都会被你霸占，让你散发温柔的气质。这是一种女神身上才会有的味道，非常适合浪漫的约会。

味道好闻的同时，它打出来的泡沫像棉花糖一样软软糯糯，很治愈。它里面添加了面部护理级别的氨基酸，在滋润清洁的同时，还可以维稳我们的肌肤状态。而且，它的颜值很高，白色系的包装把 ins 风（近年来流行的一种时尚风格）拉满，小小的丝带系在沐浴露瓶口，往浴室里一摆，整个浴室的档次都提高了。好闻好看又好用，闭眼入就行了！

2.7 纠正错误，不要在错误的方向上狂奔

1. 千篇一律，堆积卖点

有的人一写种草文案就开始堆积卖点，写的文案几乎是一个模子刻出来的，让人看完以后毫无印象，甚至记不住一个关

键词，更别提消费场景了。建议你忘掉大多数文案写作技巧，因为那些所谓的文案写作技巧和文案产出套路，在市面上的许多行业教材里都有，但它们忽略了一个重要的问题：**在以抖音为首的新媒体平台中，用户为什么要听你唠叨？**

传统渠道和传统广告投放的方式，默认用户是有一定耐心看完你的内容的。由于**用户没有信息的选择权（无法划走），只能被动地接收信息，**所以你可以把更多的精力放在强调内容卖点逻辑上，而不用把精力放在前三秒如何留住用户上。

我相信 80% 的人的文案水平，都能够使目标用户在看完视频后，产生购买欲望或者消费冲动，但是这里默认的前提是“看完视频”。而实际情况是，在短视频平台中，用户凭什么要看完你插播的一条广告？他们完全可以一秒划走，压根不给你展示的机会。你的文案卖点写得再好，用户不看也等于 0。所以我说文案技巧千篇一律，只有“前三秒留住用户，让用户看下去”才是解决不起量、不消耗的根本方法。

可见，我们应该把 90% 的精力放在开头前三秒，放在开头的第一句话，想办法激发用户的需求。想用前三秒留住用户，你要先让用户产生听你说下去的欲望，然后再进行文案逻辑的设计；否则，文案逻辑设计得再好，也是徒劳的。

我们要用 90% 的精力解决开头的问题，先争取不被用户划走，再思考如何转化用户。爆款短视频迭代最重要的方式之一，就是不断替换前三秒内容，包括前三秒画面、第一句话等。当局者迷，旁观者清。绝大多数内容生产团队的问题不是出在罗列卖点上，而是出在没有办法让用户停留上，即没有在前三秒留住用户，没有让用户产生听你唠叨的欲望。

当下，绝大多数团队的问题在于，把精力放在了我该怎么说上，而没有放在怎么让用户先听我说上。

2. 模板思维，没创新更没创意

模板思维严重会导致我们制作的所有视频都陷入中规中矩的瓶颈。“60 分”成了我们进行内容输出的标准，不愿突破也不愿犯错；没有创新，更谈不上创意；仅仅是在“捏造”开头，刻意制造噱头或者干脆成了“标题党”，完全不考虑用户做出购买决策和选择行为的逻辑。一提到创意，有些短视频内容创作者可能会不以为意，认知的局限让他们觉得带货短视频就是“抄 + 骗 + 噱头”的组合，不需要创意。

下面我们通过一组创意挖坟[1]给大家阐释一下，传统广告的一条创意是如何在短视频中被充分发挥和借鉴的。

---

① 挖坟，网络用语，是指在互联网上重新翻出被遗忘或冷门的内容，或是重复发表旧内容，以吸引流量、争取关注。

下面是一张 2019 年 VivoNEX 机型圣诞主题的电视广告（TVC）截图。这条广告的核心创意点是“手机屏幕隐藏在圣诞树上”。手机屏幕与圣诞树的完美融合，凸显了屏幕性能强大、显色优异的卖点。广告“**卖点的可视觉化表达**”清晰明了，且融合了圣诞节亲情氛围，是个不错的创意。

下面是一组 2022 年三星官方旗舰店发布的抖音短视频内容截图。几乎同样的创意，只不过因为媒介的改变而改变了创意语法，三星的抖音短视频内容更直接地呈现了创意，没有用大量的篇幅铺垫故事，而是搭配热门背景音乐，直接以“卖点的可视觉化表达”呈现。

类似的创意相关案例还有很多。它们在传统广告体系里被创作，在短视频体系里被无限放大。其实，创意本身没有改变，改变的是创意语法——电影有电影的语法，TVC 有 TVC 的语法，短视频有短视频的语法。可见，**不是竞价广告和短视频不需要创意，而是创作者要找到好创意的跑量代表**。我们要认真审视自己的类目和品牌的核心打法，选对产品信息位，找准内容形式。

切忌滥用技巧，忽视用户洞察，把噱头和标题当法宝。

举个例子：

没有女朋友，是因为你没有用这把剃须刀！

老公不爱你，是因为你的牙膏味道不好闻！

没有女朋友和剃须刀有什么关系？老公不爱你和牙膏有什

么关系？显然，上面两个例子是缺乏逻辑性的。

如果我们只能靠打“擦边球”和当“标题党”才能获得流量，就说明我们的内容团队的创作能力不强。“擦边”包括内容擦边和功效擦边。白牌（无品牌产品）也许能去赚渠道投放信息差的钱，而品牌不能无底线地用“擦边内容”维持增量。况且，产品评价反馈体系和 NPS（净推荐值）会过滤大多数垃圾产品，使品牌的路越走越窄。

可见，虽然靠人性的弱点短时间内可以吸引一定的流量，但是这些流量来得快去得也快，只适合个别具有擦边属性的产品。

切忌凭空想象消费场景，用小概率猎奇场景定义大多数用户群体。想要解决前三秒“让用户听你说下去”的问题，我们就要深刻地洞察用户，站在用户的角度去寻找其使用场景的最大公约数。例如，思考哪些群体会购买产品，他们在什么场景会用到产品，可视化卖点可以解决用户的哪些问题等，然后使用场景的最大公约数做内容种草。即便是做竞价广告，我们也要尽量兼顾“种拔一体转化逻辑”，而不要哗众取宠搞猎奇，更不要剑走偏锋凭空想象消费场景。

3. 不能说服自己，搞形式主义

为了做内容而做内容，只会越做越平庸。大多数用户在刷短视频时处于不动脑子的放松状态。因此，我们可以自检一下：

我们的文案是否在说人话？是否不加字幕用户也能听懂？

配音是否清晰？广告感是否太重？

素人推荐产品的真实性如何？是否“一眼假”“一眼广告”？

是否全是卖点堆积？背景音乐是否是热门音乐？

是否做过用户调查？是否清楚目标用户的决策逻辑？

场景需求的营造是否过于小众？是否在凭空想象消费场景？

画面是否多于文案？画面是否在拖文案的后腿？模特是否讨喜？

如果你连自己都不能说服，所有的内容都是在搞形式主义，那么你只能靠投放数量来博点击率。回归广告本身，回归创意本身，不是你的创意不奏效，而是你没有用短视频的语法在表述创意。

当下，几乎所有的短视频内容的运营玩法和套路都已趋同，其投放也越来越智能化，而变量只剩下“内容”。因此，我们只能深耕短视频内容，做到无内容不增长，因为内容建设约等于品牌建设，内容驱动增长才是不变的底层逻辑。也许，我们只有在浪费足够多的预算后，才会真正理解内容大于运营的道理。

第3章 短视频爆量法则

脱口而出的是常识，认真思考后产出的才是洞察。竞价广告内容从业者的能力要求：执行效率＞内容创意，用户洞察＞文案写作能力。

3.1　爆量法则一：内容策略先行

1. 小爆靠勤奋，大爆靠创意

当下，无论是品牌还是白牌，几乎所有短视频内容生产者都逃不出相互模仿的宿命，品牌会借鉴白牌跑量视频，白牌也会复刻品牌视频。

大家似乎在做爆款视频这件事上前所未有地达成一致：只要是爆款视频，就要学习、借鉴和参考，甚至直接复刻。所以，竞价广告视频的核心，本质上是流量型生意，不是内容型生意。内容型生意讲究原创，高内容人才密度；流量型生意讲究效率，高标准化流程执行。

未来的主流一定是内容型生意，但是当下的主流还是流量型生意。而提高流量型生意效率最快的方式就是借鉴、复刻、致敬、裂变，这是由生意模式决定的。那么问题来了，在抖音平台上，大家的素材、资源等几乎相同，你和别人的差异性在哪里？内卷的差异化竞争模式究竟是什么？答案：小爆靠勤奋，大爆靠创意。

如今，抖音中的很多热点爆款短视频都能在过往的品牌 TVC 创意里找到原型，我们称之为**创意挖坟**。

内容创意本身是不变的，变化的是内容创作者需要根据媒介的变化去匹配对应的创作语言，先找到不同媒介的爆款语法，因地制宜，然后再从过往的经典里汲取养分。

艺术电影的创作手法和视听语言的开创，给予商业电影充足的养分。电影作品中不乏借鉴经典而超越经典的案例，直白地说，叫“借鉴”；委婉地说，叫“致敬”。但这完全不影响被借鉴或致敬的电影，它们依旧是经典。

在达伦·阿伦诺夫斯基的《黑天鹅》中，不仅多次出现对今敏的《未麻的部屋》的“致敬”镜头，就连整个故事情节也高度相似。

不仅电影创作如此，品牌也如此。举一个不太恰当的例子，用一线城市的品牌复制国外的品牌叫作“借鉴”，而用三四线城市的品牌复制一线的品牌就叫“山寨”，这也许本身

《一周》（1920年）
《A计划续集》（1987年）
《邻居们》（1920年）
《A计划》（1983年）

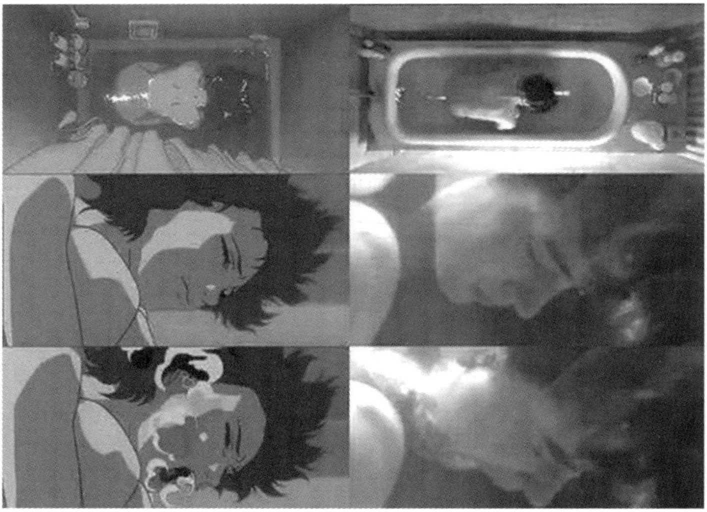

就是一种偏见和傲慢。

当一个行业默认借鉴为方法论时，就一定没有人才密度可言吗？

毕加索曾言："优秀的艺术家抄袭，伟大的艺术家剽窃。"其实，这句话的意思是：好的艺术家复制作品，伟大的艺术家窃取灵感。不得不说，几乎所有新创意的本质都是旧元素的组合。

詹姆斯·韦伯·扬在《创意的生成》一书中，就把创意定义为旧元素的新组合。

当然，借鉴和模仿只是第一步，是基础中的基础，而一个合格的内容创作者需要带领从业者稳定产出高质量的内容，这样才能使该行业具有可持续性。

这个合格的内容创作者必须是一位 90 分的内容人才，其能力之一是"了解底层逻辑"，即知道爆款内容为什么会爆，有出众的归纳能力，能总结出可复用的工作方法论，且能基于爆款做创新。90 分的内容人才的重要能力之二是"创意的辨识度”，即要能抄明白，抄得像那么回事儿，有网感，会找重点。

人员规模增大后你会发现，团队可能连**创意的模仿能力都很缺乏**，也就是连抄都抄不明白。因此，团队需要一位 90 分的内容人才来把控方向。团队领头羊很重要，无论你的公司现在处于哪个发展阶段，你的团队有多大的规模，你都应该至少有一位 90 分的内容人才，这样团队模型才能基本建立。

既然借鉴已经成为行业默认的方法论，那么你对这件事的认知越深刻，越能理解流量型生意的本质。小爆靠勤奋，即向同行学习，跟踪同行近期在投放什么素材，在用哪种素材形式，哪些有爆量，然后高执行力复刻。另外，**还要有眼光地进行跨品类借鉴，洞悉市场上新的投放素材类型有哪些调整，趋势上有哪些改变，然后紧跟趋势。**

能不能成事，考验的无非是团队的执行力和执行水平。

所有竞价广告的超级起量开拓者，几乎都吃到了内容新形式的红利。——黑牛

探索内容的新形式一定要靠创意。**由 90 分的内容人才，靠强 SOP（标准作业流程）和强执行力带领一波 60 分的从业者稳定产出 80 分的内容，才能形成内容生产稳定的基本盘。**

90 分的内容人才负责发掘新形式，尝试新创意，挖掘下一个超级起量模板，然后供团队复刻执行。90 分的内容人才评判标准：要么有两条以上破百万元素材消耗的视频，但是要区分是编导的实力还是偶然的运气；要么自然流量视频破千万播放量；要么具备传统广告市场营销基础素养，并且有超强网感。

编导的底层语言体系是故事和脚本，市场营销或者广告学的底层语言体系是市场和销售。内容生产者本质上就是坐在屏幕前的销售员，对结果负责，对 ROI 负责。因此，强执行只是基本要求，我们还要升级内容团队，使其具备原创能力，这是团队对抗内卷和形势变化的必备能力。

2. 内容策略辅助效果先行

投放的终点是视频素材，视频素材的终点是内容策略。

付费广告播放结束后，用户究竟认不认可我们的品牌？市场一直在诟病效果广告的缺点，无非是说效果广告没有心智，只解决产品销售问题，不解决品牌建设问题。效果广告约等于药，药不能停，药一停就歇菜。品牌建设约等于健身，贵在坚持，长期累积才有效。

但事实真的是这样吗？所有的假设和理论都应该有前提条件，忽略前提条件的论述是不成立的。首先，效果广告的实际定义已经发生了翻天覆地的变化，一条广告不能因为没挂营销组件就叫品牌广告，挂了营销组件就叫效果广告，这种定义过于简单粗暴。

本质上广告不分效果广告和品牌广告，广告只分两种：有效广告和无效广告。优秀的书法写在卫生纸上也光彩夺目，瞎图乱画只能靠装裱才能凸显价值，有些所谓的艺术品只是在故弄玄虚，愚弄外行人罢了。

以抖音为例。抖音已经形成了一个集内容、电商、娱乐和资讯为一体的商业闭环新生态，该生态下的效果广告也发生了变化。与其他效果广告最大的区别是，新生态下的效果广告既触达广告流量池也触达内容流量池，所以我们不能单纯地从信息流的视角定义新生态的效果广告内容，既然效果广告已经触达内容流量池，那么其创作就一定要思考流量的附加值。

这个流量的附加值就是**品牌心智**，即**提炼出你最想让用户记住的一句话，然后重复，重复，再重复。心智不是等你有了充足的预算后才需要考虑的事情，而是你每一次在媒介发声时都应该考虑的事情，无论你做的是品牌广告还是效果广告**。

当下企业的品牌广告预算与效果广告预算的分配比例是怎样的？3 比 7？2 比 8？1 比 9？还是 0.5 比 9.5? 严峻的大环境使得大多数企业的预算更多地分配给了效果广告，效果广告的曝光量远大于品牌广告。因此，我们理应重视效果广告带来的流量附加值，用内容策略辅助品牌心智在各渠道中曝光。

所以，无论是品牌广告、效果广告，还是千川素材、KOC（关键意见消费者）矩阵、明星达人、自产内容，你都可以在原本内容不变的情况下，植入你最想让用户记住的那句话，利用好抖音流量的附加值。久而久之，用户心智就自然形成了。

需要注意的是，我们不是让大家用效果广告去建立用户心智，而是让大家深刻理解投放工具跟随技术的变化，在原有规划中寻找附加值，这样才能与同行进行差异化竞争。

内容策略辅助效果先行中的“内容策略”很重要，它是效果广告播放后能够留在用户心中的隐形资产，也就是所谓的品牌资产。

对一件事的深刻认知几乎决定了你的打法和策略，不要认为自己是拒绝鸡汤的高认知群体中的一员，不要盲目清高。你想要进入一个领域，并快速掌握这一领域的门路，要么上当，要么上课。上当是上空降高管的当，或是上供应商的当；上课是上行业前辈的课，或是上自己下场踩坑被“毒打”的课。

下面是内容策略主导的爆量流程图。

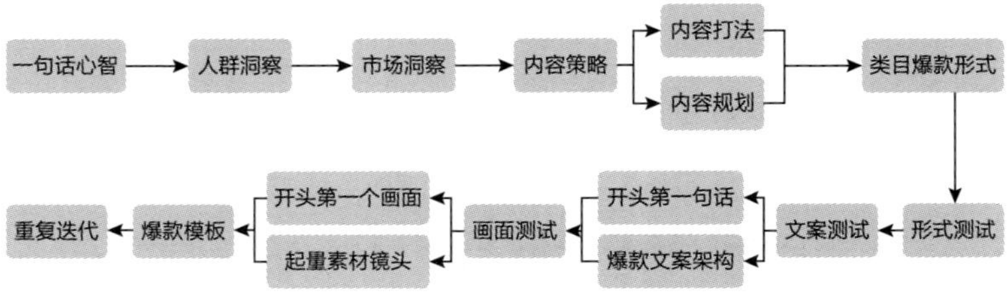

在所有投放短视频的内容产出中，我们首先要考虑的是“一句话心智”，这句话应该是我们在达人、千川、UGC（用户生成内容）、效果广告等各个渠道发声必须提及的一句话。只有提及这句话，我们才能拿到流量以外的附加值。只要对外发声，我们就应该提及这一句话，长此以往，我们才能利用好流量的附加值，占领用户心智。

比如，德佑已经是湿厕纸类目的佼佼者。当下，湿厕纸类目处于增速阶段，这是一个用户消费升级的过程，我们不自觉地从使用卷纸过渡到了使用抽纸，又从使用抽纸过渡到了使用湿厕纸。

行业领先者必定要承担教育市场的工作，即让更多人产生升级意识，注重个人健康护理，从而教育用户使用湿厕纸。在教育市场的过程中必定会流失一定的用户，因为其他品牌也会纷纷进入这个赛道。所以，德佑想占据湿厕纸类目领先地位的一句话心智应该是：**湿厕纸选德佑，专业放心好朋友。**

这句话应该被应用在德佑所有的对外媒介发声中，以便拿到流量的附加值。如果德佑单纯靠品牌广告和大众传媒渠道占领用户心智的话，那么新生态的流量附加值则会被浪费。

又比如，燕之屋已经是成立 26 年的老品牌了，其竞争对手有很多。可以说，燕窝品牌正在集体教育鲜炖燕窝市场，以拓宽这个赛道。而用户更多的感受是被普及要吃燕窝，至于吃燕窝要选哪个品牌，用户并没有接收到明确的选择指令。所以，燕之屋的一句话心智应该是：**燕窝，我只选燕之屋。**

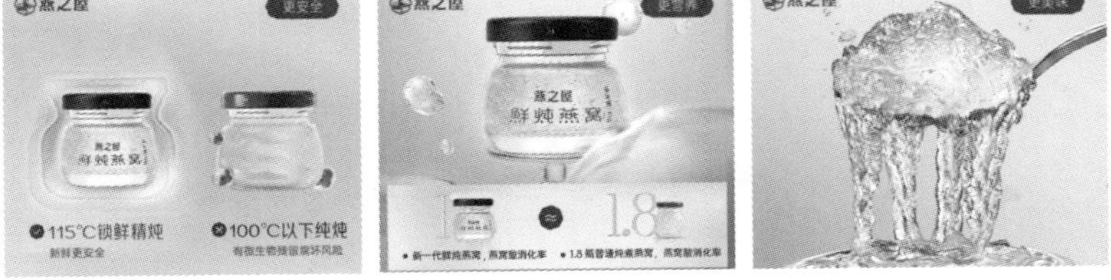

这句话先给了用户一个明确的选择指令，然后才告诉用户为什么要这样选择，比如 26 年的老品牌、自有工厂、原料可溯源等，其中“26 年”体现的不是品牌的“老”，而是厚重。**“不管你在吃哪种燕窝，你对燕窝了解得越多，就越会坚定地选择燕之屋。燕窝，我只选燕之屋。”**

“燕窝，我只选燕之屋”这句话应该被应用在燕之屋所有的对外媒介发声中，从而拿到流量的附加值。

再比如，在词典笔类目中，近期爆品阿尔法蛋词典笔 D1 上线仅 2 个月，销售额就超过 1.16 亿元，而且店铺自播占比在 70% 以上。

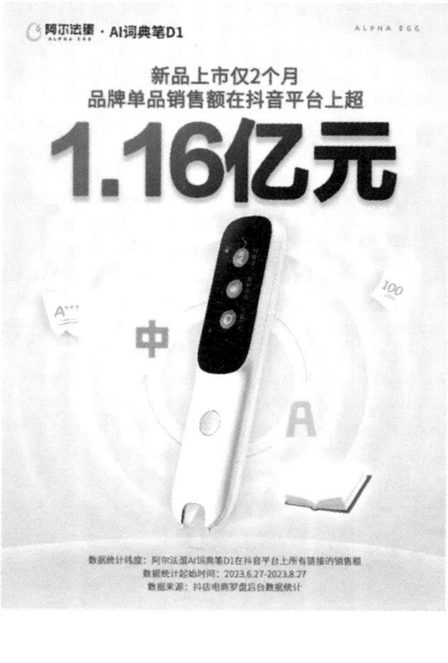

阿尔法蛋想稳居词典笔类目前列的第一句话心智应该是：**词典笔就选阿尔法蛋，百万家长的选择。**

当然，一句话心智只是第一步，接下来是人群洞察和市场洞察。人群洞察相对比较简单，而市场洞察相对比较复杂，我们可以依据市场数据报告做分析判断，同时梳理出目标人群及目标人群画像。在做内容前，我们一定要明确自己在面对哪类人群讲话。

项目	目标人群画像
主要年龄群体	
属于哪类人群	
性别占比	
消费层次	
预测人生阶段	
手机价格端	
主要成交关键词	
可影响转化的触点	
爆款内容场景特征	

内容策略分为两个部分：一部分是内容规划，另一部分是内容打法。内容规划包括炮弹要朝哪个方向打，每一次炮弹发

射的目的是什么，炮弹爆炸预计会产生什么效果。内容打法包括具体用什么样的炮弹，竞争对手在用什么样的炮弹，用什么样的炮弹可以完成内容规划。

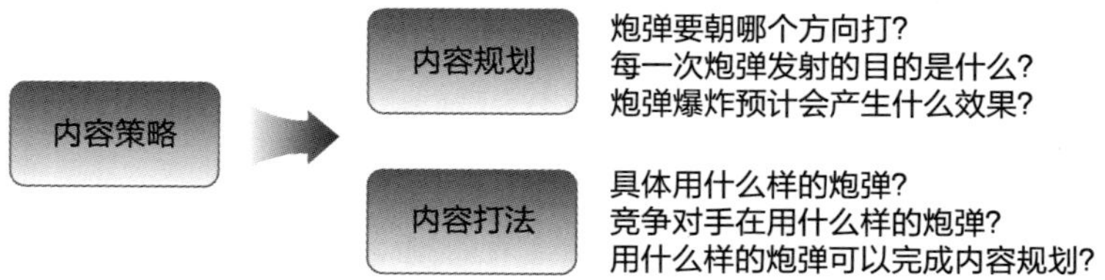

内容规划分为四个部分。

1）怎么激发没有购买计划的用户购买？

激发没有购买计划的用户购买需要找到新的信息位，你可以使用我们在前文中讲到的寻找信息位的方法——选对信息位，激发消费需求，可以是激发新消费场景、给出新解决方案、给新目标用户种草等。

2）怎么让用户选择自己而不选择竞品？

防守型策略规划需要做用户留存。如果我们已知市场上存在强劲对手，则应该突出自己的核心优势。我们要给予用户明确的指令，用明确的指令引导用户选择自己，突出强调自己的核心优势和卖点，比如哪里与竞争对手不一样，为什么自己的品牌更值得信赖等。所以，目的不同，内容规划的方向不同，每个阶段的内容生产方向也有所不同。

3）怎么让用户当下转化而不是等一等？

人是情感动物，人类几乎所有行动决策的临门一脚都是情感驱动的。

要想找到用户为什么没有下单的理由，就要了解不同用户在不同阶段的决策“噪声”。有些用户需要更强的信任背书作支撑，有些用户需要更权威的机构加持信任，有些用户需要情感驱动完成激情消费，还有些用户需要福利活动和买赠优惠。

4）怎么让购买过的用户重复选择自己？

电商平台所有的促销广告几乎都与优惠、降价、折扣有关。让用户重复选择自己一方面是靠保证产品品质，另一方面是靠促销活动、买赠优惠等感召用户做出囤货行为。

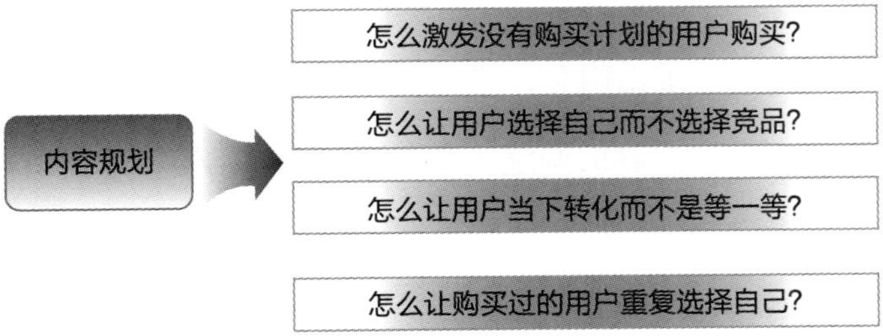

内容规划好以后，我们要思考具体的打法。内容打法可以依据下面的逻辑做规划：确定人群，人群描述，推演购买动机（为什么要购买），确定信息位（匹配产品的核心卖点），

一句话概括打法。

内容策略确定后，企业可以更好地厘清思路，更好地给内容团队和达人团队下 Brief（工作简报）。可以说，内容策略是团队内容生产的指南针。

内容策略确定好以后，我们要先分析类目爆款形式，然后进行形式测试，再进行文案测试。文案测试又包括测试开头第一句话和爆款文案架构。下一步是画面测试。与文案测试类似，画面测试又包括测试开头第一个画面和起量素材镜头，并以此推出爆款模板，最后进行重复迭代。

我们一直在强调，对所有的内容从业者来说，你可以不会投放，但是一定要懂投放，用竞价的思维做内容。什么是用竞价的思维做内容？就是把不容易衡量的内容质量标准，通过数据体现出来，依托数据指标来评判内容的好坏。

用竞价的思维做内容，不是盲目地靠灵感创作，而是客观地根据数据做出内容的调整。不要盲目地做内容产出，所有的产出必须考虑用户心智，考虑内容策略。

3.2　爆量法则二：形式大于内容

1. 爆款背后被忽视的规律

在短视频营销时代，每一次出现爆款视频，**要么是填补了平台的内容空白，要么是开创了新的表现形式。**

所谓的平台早期红利，几乎都是源于内容生态供求关系不平衡的短暂空缺，平台会奖励第一拨吃螃蟹的人。

早期，娱乐内容充斥平台，所以知识分享类内容一进场就拿到了大流量。我们现在翻看早期知识博主的视频，有时会感觉他们的视频内容平平无奇，但是视频当时的确爆量了，这都归因于填补了平台的内容空白，吃到了平台早期红利。下面我们来梳理一下短视频平台发展的五个阶段。

1）内容 1.0 时代

内容 1.0 时代的短视频，是以热门音乐为主流的，更多的是以音乐为主的卡点和对口型。漂亮小姐姐随便对对口型就能火，美颜滤镜下的男神、女神千千万。例如，某抖音博主靠一条短视频，一夜爆粉 800 万人，成为平台的现象级达人。深度美颜和滤镜下的出镜者，个个长相都好看，随手一拍就有上热门的机会，这就是内容 1.0 时代。

2）内容 2.0 时代

自从抖音赞助春晚以后，抖音短视频覆盖的用户群体开始变得多元化，正能量视频和剧情段子爆火。以快节奏为主流，大家开始信奉“黄金三秒法则”“开头即高潮”“反差加反转”。在这期间，无数个专业影视团队转型做抖音，靠着当时的大环境抢占了第一拨涨粉红利。

3）内容 3.0 时代

用户已经看腻套路化的剧情，反而更想看到一些真实而有温度的剧情。于是，伪纪录片和 Vlog（视频日志）借势而起，看似是拍实则是演，以暗访的拍摄手法使某些观众以为是真实的。

这类剧情比设计好的拍摄剧本更有冲击力，拍摄方式也更简单。虽然它对演员的要求高一点，但是其营造的效果更好。当用户们在评论区讨论视频内容是真是假时，创作者就已经达成了创作的目的。

与此同时，真实的 Vlog 开始崛起，以某博主为代表的心灵鸡汤搭配旅拍场景的视频成为平台的新爆款，俘获了一批向往诗和远方、追求自由的年轻人的心。

4）内容 4.0 时代

短视频发展到今天，用户希望能看到更真实、更有温度的人设，而不是千篇一律的剧情。专业化拍摄与手机拍摄最大的区别就是，手机拍摄的拙劣和摇晃展现的不完美可以重塑真实，拉近用户与创作者之间的距离。我们把这类内容称为“原生感”，用屏幕呈现现实世界中的真实。

越是需要信任背书的行业和需要增强粉丝黏性的账号越需要真实感，越是能够引发用户共情的真实越稀缺。如果有趣的灵魂附着不虚伪的善意，那么再普通的皮囊也是万里挑一的。

5）内容 5.0 时代

用户不断地吃着短视频大餐，同时也需要品尝新鲜口味，因此，他们开始接受慢节奏、高质量以及能够让人静下心来的优质内容。于是，短视频迎来专业创作者产出好内容的主赛场。许多专业的影视从业者朝着更专业的方向，以更精细化的作品发力。这期间的代表账号有陶阿狗君、艺术菜花、朱铁雄、柳夜熙等。

通过平台发展的五个阶段，我们可以知道，“先发优势”非常关键，即当供求关系不匹配时，完成比完美更重要。**平台越发展，内容空白区就越小，创作者只有靠敏锐的洞察力或天赋型的创新力才能发现内容新空白。**

即便如此，依旧有新的创作者不断填补着平台的内容空白。举个例子，博主“打工仔小张”创作的《如何坐公交车》《如何看电影》《如果坐地铁》《如何坐高铁》等“如何如何”系列视频，教别人普通生活中的小事，单月涨粉超 200 万人。她就是靠敏锐的洞察力发掘了大众的真实需求。

并不是每个人一出生就生活在城市里，这种科普真的很有意义。

评论区可以看到用户的真实反馈，这是用户洞察的取证源头。

短视频创作者常挂在嘴边的一句话是“**选题大于一切**”，低质的选题靠噱头、标题来吸引用户，优质的选题则靠用户洞察、创作者的同理心和对目标用户的共情能力来吸引用户。

脱口而出的是常识，认真思考后产出的才是洞察。

天赋型创新选手靠“才华”取胜。他们可以在原有的内容上进行创新，比如博主“朱铁雄”的国风剧情变装视频。他在剧情赛道的基础上增加国风变装的强视觉冲击力，既有剧情的情绪价值传递，又有变装视觉的震撼体验，还有传统文化传承的价值升华。

这种对旧内容进行拼接组合、去肥增瘦、取长补短的重组型创作，其实是一种突破内容困局的有效方式。未来，填补平台内容空白的难度越来越大，创作者不得不开始寻求“**表现形式**”的突破与创新。

同样是做知识分享的视频，其内容的表现形式则多种多样，可以是固定口播，可以是 Vlog 记录，可以是剧情演绎，可以是干货夹带变装，也可以是讲台型演讲，还可以是发布会形式的演说，等等。

在平台发展的中后期，现象级爆款视频可能大多数会进行“**内容表现形式**”的创新。

我们在分析爆款视频的时候，通常只注重文案、配乐、剪辑等，而忽略了更重要的部分：**内容表现形式**。

同样是变装，博主“朱铁雄”的变装是国风剧情的演绎，而博主“垫底辣孩”的变装则是“扮猪吃老虎”式的逆袭。《Do it》这首配乐加上他的开场白“如何成为一个国际超模，今天要拍的是……”脑补画面清晰浮现。

“垫底辣孩”就是变装里的新内容表现形式，以至于这种形式成为当时爆火的翻拍模板，只要翻拍就能获得流量。这种内容表现形式的创新，即“扮猪吃老虎”式的反差设计，巧妙地吸引住了用户。它激发了用户想看结尾的好奇心，增加了用户的耐心和期待值，从而拉升了整体完播率。

一种内容表现形式，通常有固定的 BGM、固定的内容框架、固定的剪辑风格，更像是根据平台不断进化更新的爆款模板。

通常情况下，平台每个月都有类似的新内容表现形式，即新爆款模板，比如最近爆火的“佛山电翰”和“于文亮”也属于新内容表现形式中的一种。

“佛山电翰”有固定的 BGM，神来之笔的是其整齐划一的尬态甩手动作，同时有平台热点流量的加持，这就是热点时效性可借鉴的爆款模板。

“于文亮”的爆火，可能有被过度解读的成分，但是回到“于文亮”视频内容本身来看，他的创作虽然简单，网感却极好。我们只要点击其右下角的音乐盘就能看到，他早期每条视频的 BGM 都是被平台验证过的**情绪价值爆款**；要是去看他早期还没有被舆论加持的视频，感知会更明显。同时，于文亮也是吃到了**新内容表现形式的红利**的人。这个新内容表现形式就是“**氛围感、无滤镜、慢动作**”和“**氛围感日常**”，是已经被平台验证过的爆款模板，且剪映模板后台有大量的素人爆款案例。

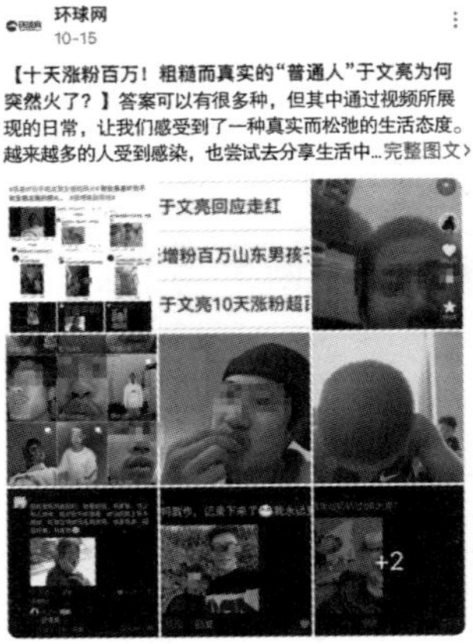

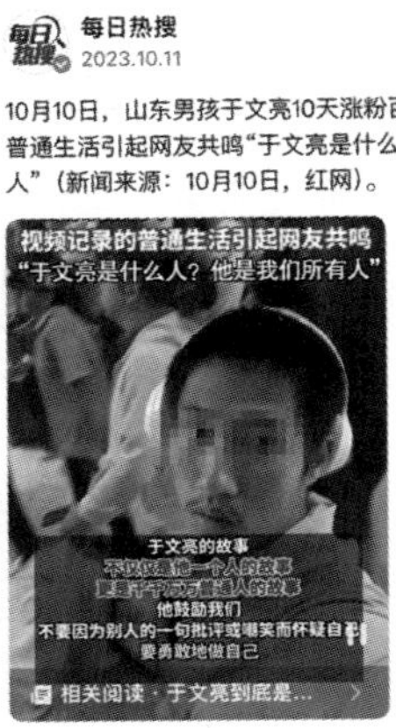

“于文亮”之所以爆火，首先是因为其视频的反差感，以氛围感音乐和慢镜头拍“草根形象”，这种反差感本身就是易爆内容；其次才是被网友们做了主题升华的“**记录普通人的平凡美好生活**”。

我们换一个角度来看，普通人无滤镜的真实，也是大众情绪的爆发点：凭什么普通长相就不能爆？凭什么普通人的生活就不值得被记录？凭什么青年们只能在音乐节才可以宣泄情绪？**这背后依旧是深刻的洞察，只不过于文亮接住了这泼天富贵，因为当下“打工人”非常缺少情绪价值，缺少具备“精神**

内核”的形象 IP。每个人都是“于文亮”，每个人都是“张有志”，每个人都逃不出“浪浪山”。但是，爆款的背后最重要的还是内容创作本身，是对网感的理解，是抖音的语言呈现，是理解新内容表现形式，其次才是东风借力凭运气。

2. 理解爆量背后的形式表达

对竞价广告来说，道理也是一样的。竞价广告要求内容的生产效率更高，且内容流量池的发展节奏一直快于广告流量池，因此，创作者应该去内容流量池寻找爆量新形式，以借鉴到买量素材的制作中。

很多时候，你可能会遇到一个问题，就是在借鉴模仿爆款视频后，总感觉哪里不对劲，那种感觉说不上来，但是你能明显感觉味道就是不对。

当行业人才密度不足时，完美的复刻能力都显得珍贵、稀缺。

由于味道不对，所以你对一条爆款视频进行了拆分：构图、色彩、灯光、质感、演员形象、演员表现力、置景、文案、配音演员、BGM、音效、剪辑节奏、视听等。

但是你发现，你忘记分析内容表现形式了。热门的内容表现形式自带流量，约等于蹭热点，会产生流量聚合效应；而且，不同的内容表现形式演绎同一文案会产生完全不同的效果。

下面我们以实际案例来说明同一文案不同内容表现形式产生的效果，**借此提醒竞价广告创作者们要重视内容表现形式，而不只是借鉴文案。**

我们先看下面这段文案：

自从我给我爸买了这款按摩仪，他天天在亲戚群里夸我有孝心，嘴里说着“不要”，其实心里高兴得不得了……

我们以不同的内容表现形式来呈现这段文案。

1）固定口播

具体展现：女儿形象的演员坐在客厅里拿着产品，做口播种草，即单纯地拿着产品对着镜头念台词。

固定口播是指镜头不动，演员位置也不动的内容表现形式。它是短视频萌芽阶段的爆款模板。

因为这种内容表现形式最接近文案本身，所以它是把文字内容转化成视频内容效率最高的方式之一。**固定口播的内容表现形式解决了某一段时间内，文字内容载体转为短视频内容载体的生产效率的问题。**

固定口播的关键影响因素是：**演员的形象及表现力和场景的穿透力。**

当文案成为不变的元素时，视频能不能爆量，考验的是演员的表现力、演员的亲和力。业内有一个共识，即带货出镜人员，无论是主播还是演员，都要尽量避免选用瓜子脸的女生。这是因为瓜子脸的亲和力不如圆脸的亲和力高，尤其是母婴类产品，其效果差异会更明显。

场景的穿透力则是靠视觉冲击力吸引用户停留的。当平时不太容易刷到的场景突然呈现在面前时，自然会吸引用户的注意力，从而增加用户停留时间。

固定口播仅是提高早期文案载体转为视频载体的生产效率的一种方式，短视频内容发展到现在，90% 的固定口播内容是很难起量的。

但是，即使我们已经有“**90% 的固定口播内容是很难起量的**”的清晰认知，在某些非常规内容生产状态下，还是会掉入认知陷阱。

举个例子，当我们请明星拍摄竞价广告时，可能会不自觉地陷入固定口播的内容表现形式中。

明星的受众一般会大于普通演员，所以明星出镜自然可以增加用户停留时间，但是这只是委曲求全的做法。明星的固定口播可能有一定效果，但是这种内容表现形式的效率并不高，更换内容表现形式可以达到更好的效果。

毕竟，爆量的背后是形式大于内容的，内容表现形式是爆量的重要组成部分。

2）内心独白匹配场景画面

具体展现：女儿在客厅送父亲礼物的场景画面。父亲嘴里念叨着不要乱花钱，但是能看出掩饰不住的喜悦。父亲在亲戚群里晒图，说是女儿送给自己的礼物，随后表姑、大姨、三舅……纷纷发出竖大拇指的表情……

内心独白匹配场景画面的内容表现形式显然比固定口播更有“消费场景感”。真实的消费场景更容易引起用户的共情，更有代入感。

当下，许多内容创作者容易犯的错误是：文案信息量大于画面信息量。

例如，虽然你选择了内心独白匹配场景画面的内容表现形式，但是你在文案中提及的内容和画面不匹配，比如文案提到了某个场景，而画面依旧在展示产品。画面信息量跟不上文案信息量，是许多内容创作者犯的错误。

文字传递的信息量可能很大，但是用户接收到的信息量可

能很小。与文字相比，用户更容易接收画面传递的信息量。

如果我们要传达的信息是父亲收到礼物很开心，那么无论你怎样优化文案，也抵不上父亲收到礼物后开心的画面。一个镜头就可以更好地传递你想要表达的信息，就可以代替你精心编写的文字。

如果说“奥特曼既搬砖又喝啤酒”是抽象的，那么下面这组照片则是具象的。

我们不能只关注文案不关注画面，因为短视频是“视听语言”的艺术。视听语言的艺术可以给用户创造物质现实复原的虚拟空间，而口播只是文字内容载体转为视频内容载体的解决方式之一。

3）内心独白匹配产品画面

如果我们还是选择内心独白匹配画面的内容表现形式，但是匹配的画面不是人物场景画面，而是产品画面，那么效果可能会大打折扣。

如果产品本身或产品包装不具备足够的吸引力，那么用户很难对一个冷冰冰的产品画面产生共情。

人物作为第一个画面要比产品更容易使用户产生共情。内容创作者要时刻把自己当作“局外人”，询问自己：假如我刷到自己的内容，会不会被吸引？我会不会给这条视频三秒停留的机会？用“局外人”的视角来检验自己视频的有效性是一个不错的方法。

> **从用户注意力的角度而言，画面注意力的排序是：明星＞达人＞普通演员＞冲击力镜头＞产品置于场景＞产品。**

即使开头画面必须放产品，我们也不应该放一个只有产品的画面；退而求其次，应该放一个**产品置于某种环境中的画面，以追求氛围感，使用户停留。**

可见，即使文案一样，不同的表现形式，其效果差异也是巨大的。

4）无配音，以 BGM 提供情绪价值

我们在前文中提过，“礼盒装”是兴趣电商产品爆量的通行证。它可以让非内容友好型产品变为内容友好型产品，从而更有利于短视频内容的生产。

这就像当孙悟空和唐僧一起出现时，你无须交代两个人的身份关系，因为用户已经知道他们是师徒关系，并且一起经历过九九八十一难，去西天取得真经了。因为有这么一层场外信息，所以你可以节省很多篇幅，用户也更容易理解你的潜在表达。

煽情的 BGM 响起，再配上女儿送父亲礼物的场景，此时有配音反而变得多余，因为 BGM 传递的情绪更直接。这条视频内容触达的是有送礼需求的人群，以及可以被唤醒有送礼需求的人群，至于产品是按摩仪还是剃须刀，抑或是腰带，并不重要。

倘若礼盒中再增加一个信封，内容友好程度可能会更进一步。信件可以承载很多内容，这个小小的设计增加了一个更具象的情感表达的通道。达人在给用户制作种草视频时，可能会因此产生更多的灵感，比如以种草之名表达自己的情感诉求，并以此与用户共情。

我们一直强调“产品＞形式＞画面＞文案”，而产品的优化设计不仅存在于生产前，也存在于生产后。礼盒的创新、赠品的创新、套组的创新是每位产品经理都需要基于新渠道销售思考的重要课题。

5）剧情演绎，剧情带货

如果将上述文案改为剧情演绎，大概率无法爆量。这是因为即使把上述文案改为剧情，也只是在还原一个普通场景，还原生活的片段。

剧情的底层逻辑是“戏剧冲突”，用户之所以共情要么是感同身受，要么是见证了人物弧光变化——人物的情感或心理成长、转变和发展。

而剧情带货的难点是要把产品作为推动剧情的关键性道具，或者将主角的情感寄托于产品。这也解释了为什么许多剧情带货视频的效果并不好，因为产品只作为道具出现，并没有推动剧情或者承接主角的情感。

与此同时，这也解释了为什么“礼品属性”产品的剧情带货视频的效果更好，因为具有礼品属性的产品更容易承接主角的情感表达诉求。

分析文案可知，它只是在事实阐述，并没有戏剧冲突。如果要将它设计成剧情带货的内容表现形式，就要加入戏剧冲突，这样用户才有兴趣看下去。

6）歌唱达人，热点形式

歌唱达人是不久前出现的一种新内容表现形式。这种内容表现形式已经在内容流量池形成了热点，所以竞价广告可以尝试使用这种形式，不过消耗可能会起飞。

可见，同一段文案，不同的内容创作者可能会用不同的内容表达形式来呈现。然而，不同的表达形式归属于不同的内容类型，不同的内容类型又会触达不同的用户。当一种形式遇到瓶颈时，我们不妨换个思路，改变内容表现形式。

3. 拓宽内容边界，丰富内容类型

在短视频平台中一些常见的内容表现形式有以下四个特征：

（1）固定的 BGM。

（2）固定的内容架构。

（3）固定的剪辑方式。

（4）固定的文案风格。

为方便大家更好地理解内容表现形式的呈现，我们以下面

三位博主为例：

（1）“乔伯伯英语”的“一秒记住一个单词”。

（2）“营养师齐小明”的“对峙冲突带出内容”。

（3）“邱奇遇”的“朴素镜头 + 押韵煽情文案”。

现阶段，我们想填补抖音的内容空白难度很大，尤其是带货类内容几乎不太可能。但是，如果我们能够使用新的内容表现形式，那么这件事就简单多了。抖音娱乐类的内容每天都有新热点，每周都有新热梗，每月都有新形式，而且娱乐类内容的发展速度远大于带货类内容。

内容创作者完全可以去借鉴娱乐类内容的表现形式。可以说，竞价广告超级起量的红利尝鲜者几乎都是发现了新的内容

表现形式。去尝试新的内容表现形式，一定会比口播的效果好。内容创作者要拓宽内容边界，尝试更多类型，打开内容视野，不要被一种类型束缚。

当下，在竞价广告破内卷阶段，KOL（关键意见领袖）应该贡献新的内容方向价值，毕竟 KOL 最大的作用的应该是内容产出本身，而不是单纯以 CPM（千次展现成本）计算的流量。因此，我们应将配合度低、共创度差的达人淘汰，以减少可预见的资源浪费。

KOC 打法主要是复制品牌方提供的爆款模板，品牌方也在获取 KOC 的自然流量。当然 KOC 打法的另一种逻辑是，借用 KOC 去尝试新的内容表现形式，拓宽内容的边界，尝试团队没有尝试过的内容方向，尝试团队没有尝试过的套路，从而触达团队没有触达过的人群。

在内容趋于同质化的今天，如果想让短视频成为超级爆款，形式上的创新与突破至关重要。在内容传播渠道趋于饱和的当下，新的内容表现形式上的创新依旧是打破内卷的有效方式。

当一个行业的内容开始陷入同质化和互相模仿的境地时，我们就需要跳出固有的思维，大胆尝试全新的内容表现形式，这样才能再次激发用户的兴趣，提高用户的参与度。

形式决定效果，而内容表现形式的创新往往会带来内容的新可能。

3.3 爆量法则三：提供情绪价值

兴趣电商的另一种解读方式是提供情绪价值，寻找情感认同。情绪价值是高转化率爆款短视频的核心密码，在我们可触及的传播链中，最容易引人转发和互动的视频，多数都利用了情绪价值。

我们在这里主要谈一下寻找情感认同，触动用户内心，引发微波效应，促使用户自愿转发、点赞、评论、点击、成单的内容表现方式。

短视频可以分为两大类：**一类是娱乐类短视频，另一类是带货类短视频。娱乐类短视频是在交换用户的时间，用户的有效反馈方式是互动；带货类短视频是在交换用户的金钱，用户的有效反馈方式是点击、成单。**

提供情绪价值对这两类短视频都有效，娱乐类短视频对应的数据呈现是高点赞率、高收藏率、高转发率；而带货类短视频对应的则是高转化率，尤其是对于一些高客价、非刚需产品更有效。

提供情绪价值的本质是利用配乐烘托情绪，利用“扎心”文案引起共情，让产品表达的情绪，或者产品出现的场景激发用户的额外需求。

1. 情绪价值文案撒手锏

抖音有个黑马账号——邱奇遇，虽拍摄普通，但文案长板盖过一切。我们先来感受一下情绪价值文案的冲击力，朴实的语言直击内心，触发普通用户对自己能体会到但时常忽略掉的生活小事的共情。

妈妈说，有我在的时候她快乐的日子多，

她说她知道我想吃的只有她会做。

夜深才下班的她，

会披着星光来爱我。

她唯独不知道时光的手是如何精雕细琢，

把哭啼啼的我变成了她眼里的帅小伙。

长大的我牵着她手时她会下意识地躲，

岁月镀膜，都让我看不清她掌纹的脉络。

我带着她的快乐去往天高海阔，

却从不知妈妈的失落，

永远在背着我。

我的父亲好像爱上了冬天，

他看见烤红薯的摊子就移不开眼。

小时候我那些甜美的梦都是他帮我来圆，

如今有了表现的机会，他也要抢在我之前。

可是啊，我的个子早已越过了他的肩。

以前他也是个鲁莽的少年，

急匆匆地跑到中年成了我的父亲，又撑起了我的天。

小县城的火车站前，树叶褪了一年又一年，

我的父亲却甘愿把自己留在苦寒的冬天，

又一次次坚决地，把我推向那个，

他也很向往的春天。

（文案节选自抖音账号：邱奇遇）

在邱奇遇的笔下，从来都没有过对家人的爱的直接表达，但是字字不离爱。我们可以看出他拥有一个温暖的童年。他无疑是抖音创作者中的一匹黑马，原来仅仅通过文字也能触碰创作者内心滚烫的灵魂，他也因此被当代网友盛赞为“满分作文生成器”。

而在下面这段对流浪猫、流浪狗的描述中，邱奇遇为它们赋予了人性，让许多爱猫、爱狗人士深深共情。它们生活在苦难之中，就像人一样，一生之中饱受风霜，但也跌跌宕宕走过这一生。这类文案将商业性和文学性平衡得恰到好处，既有阳春白雪，也有下里巴人。邱奇遇做到了雅俗共赏，让用户找到了情感寄托之处，发现原来广告也能让人甘之如饴。

我去菜市场的时候没有赶上趟，

却碰上了它仍落魄的时光。

不知道它吻遍了多少橱窗，

才习惯了它的理想就在一屋之隔的桌上。

我给了它两根火腿肠，

看清了它的模样，

满身的泥泞和风霜，

都没抖落它眼里的光和对爱的向往。

（文案节选自抖音账号：邱奇遇）

这些文案说不上有多么高级，更没有华丽的辞藻，甚至有些打油诗的感觉，但恰恰是朴素的语言才编织出了你我都能感受到的共情点，感动你的不是文案，而是文案触发的你的真实经历。

它们更像散文诗，用文字描绘一幅画面或是一种情绪，以音乐烘托情绪，以文字触发情感，以感性寻找认同。

它们把诗意融入日常生活，关心平日里的每个稀松平常。令人揪心的感动不是大事件的荡气回肠，而是一瞬间泪水打湿眼眶。

你被触动的原因是在某些片段里找到了自己过去的影子。所有你不理解的感动，不是因为它们不够令人感动，而是因为你在其中找不到自己，相似经历才是你的共情基础。

当下年轻人生活工作的疲惫需要用“嘴替”来发泄，抖音创作者“达达不困”就用自己的方式来触达年轻人的情绪点。

想起来我十几岁的时候，
我逢人就说爱和自由比什么都重要。
早餐店老板问我要什么，
我说我要肆意妄为，
要志得意满，
要遨游山川和湖海，
要世界所有的烂漫。
开个玩笑。
现在我长大了，
我要油条和豆腐脑。
（文案节选自抖音账号：达达不困）

音乐可以辅助文字烘托情绪。言语之间的情绪传递与音乐本身的情绪底色重合，共同营造氛围，才更容易引起普罗大众的情感共鸣，而情感共鸣的直接反馈就是用户的互动。

短视频平台内容产出最重要的还是网感，网感是借力，适当迎合当下的内容热点和用户习惯，就能让同样水平的文案有更好的表现。

文案这种东西，60 分及格，80 分靠努力与刻意练习，90 分靠老天爷赏饭。而现阶段的抖音文案要求也就是 65 分的水平，我们可以感受一下天赋型选手 90 分以上的文案：

“这座城市留下了你的青春，却没留下你。”

“我心涌悲伤的时候大口吃饭，这种炫耀，唯有风知道。”

“我的梦想还和小时候一样，只不过我已经不打算实现它了。”

“有时吃一口，就泪流满面，不是因为太辣，而是因为家太远。”

2. 带货类短视频中如何利用情绪价值

“爸妈，我真的很想问你们一个问题，到底是为什么，一条毛巾你们都要用一年半载呢？明明都已经变干变硬了，都不肯换掉，就不能多爱惜自己一点吗？……对爸妈的关心不只在大事上，也要在小事上。”

以上是郝邵文的毛巾带货短视频文案，短视频中的商品定位是“买给父母的毛巾”，先抛出一个问题直击痛点，在没看这条短视频前我们可能想不到要给父母买条毛巾，而结尾“**对爸妈的关心不只在大事上，也要在小事上**”给了我们心理暗示和行动指令。

当然文案略长，中间对产品的信任背书显得啰唆，不过其整体的转化逻辑还是利用了情绪价值，先洞察产品购买动机，再以产品品质打消购买疑虑，最后给出心理暗示和行动指令。

“我小时候特别喜欢哆啦A梦，觉得他可以实现我的任何愿望，虽然现在长大了，不再像小时候那样异想天开，但我还是想把哆啦A梦买回家里。”

这条哆啦A梦玩偶带货短视频的文案以情怀驱动，勾起用户回忆。成年人的世界里有众多无奈，儿时记忆里的梦寐以求，成年后择力所能及的买下，这也是一种心理补偿与安慰。

“那就好好告个别吧。到了主人家也要好好做鹅，要听主人的话，不要到处乱飞，不要跟主人抢被子……”

这条玩具大鹅带货短视频的情绪价值点依托在了背景音乐上，当“那就好好告个别吧”响起时，用户的情绪就涌现出来了。文案运用戏剧化的拟人手法，把玩具大鹅当作宠物，嘱咐其到新主人家里要好好听话，这直接“萌化”了女孩子的心，尤其是养宠物的女孩子的心。

背景音乐提供的情绪价值实际上已经影响了用户的购买决策，给带货类短视频附加了内容分，扩大了目标受众流量池。

感性压制理性，自我说服与自我感动更容易引起冲动性消费，借用巨量官方的口号来说就是“激发生意新可能”。

3. 情绪价值支撑内容产出

情绪价值不仅有温声细语，还有暴躁、愤怒、亢奋、夸张，愤怒也有价值，暴躁也可以感染别人，当然这种门槛最低的使用方式最容易被模仿、最容易泛滥，也最容易让人产生审美疲劳。

在短视频平台我最喜欢的人物还是“张有志”，张有志是一位博主虚构的人物，他既有《Hello！树先生》的遭遇，又有《大佛普拉斯》的荒芜气质，道尽无数中年男人郁郁不得志又无反击之力的困顿。

张有志在吃早饭的时候忽然愣住，

我要返回大海，是时候返回大海了。

张有志来到海边，脱下衣服。

人生是旷野，不是轨道，我有权拒绝一种生活。

张有志高喊道。

说完一个猛子扎进海里，游向大海深处。

（文案节选自媒体创作者：短门）

你看完是不是有些“emo”（伤感、忧郁）了呢？没错，这也是我们这节讲的重点——情绪价值，每个人都是情感动物，所有行动的决策临门一脚几乎都是由情感驱动的，当内容创作遇到瓶颈时，你不妨借用一下情绪价值。

3.4 爆量法则四：卖点可视化表达

1.“卖点可视化表达”是带货类短视频的创作核心

兴趣电商玩法一直在变，但是“产品+内容”的核心永远不会改变，**带货类短视频的创作核心依旧是“卖点可视化表达”**，这点会一直适用。

我们来拆解一个徕芬吹风机的案例，该品牌对标戴森，产品价格为 599 元，是戴森的四分之一，但作为一个新锐品牌，这在兴趣电商中已经算高客单价了，我们来看一下徕芬是如何将卖点可视化表达的。

视频内容较多，我们可以将其拆解，择优分析。

传统吹风机的转速约为每分钟 10 000 转，徕芬吹风机的转速为每分钟 110 000 转，其马达可以直接推倒满瓶矿泉水。

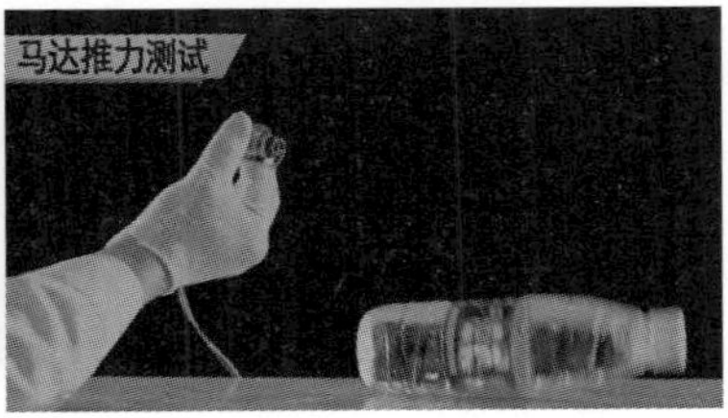

徕芬还做了乒乓球测试，在一个很长的筒中放一个乒乓球，吹风机一开，乒乓球就从筒的一端被吹到另一端，并且击破了另一端的 A4 纸，可视化证明其风力之强劲。

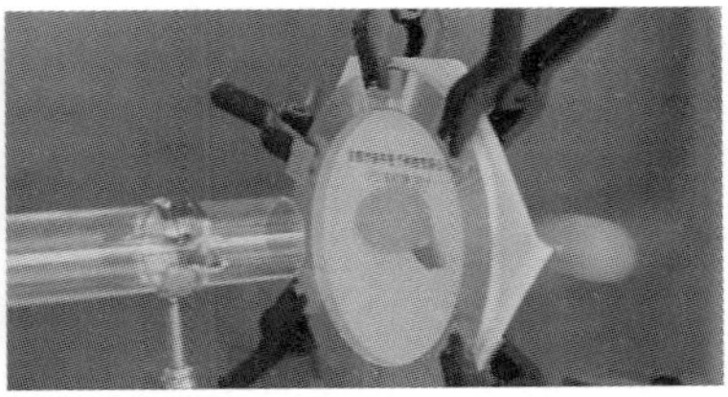

用传统吹风机吹头发可能损伤发质，视频中，徕芬把垃圾袋放在传统吹风机的吹风口上，吹风后发现垃圾袋被烤焦，以此来暗示用传统吹风机可能损伤发质。

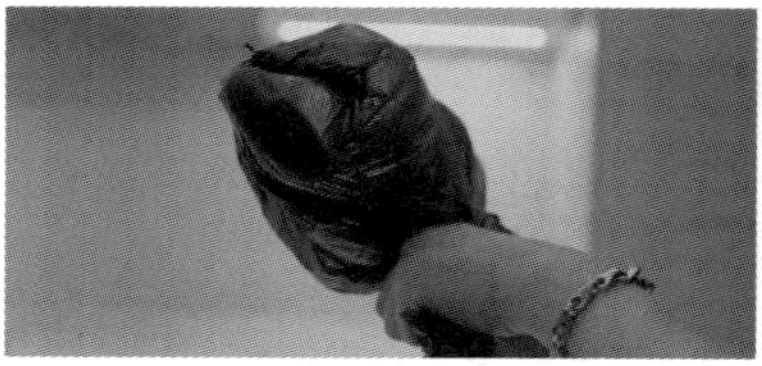
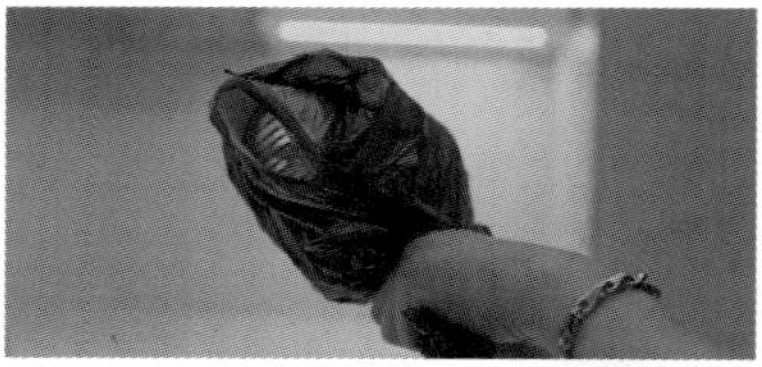

兴趣电商爆款产品有几个相似的特征，其中出现频率最高的就是“**卖点可视化表达**”，我们通常所说的“新奇特”，实际上就是可视化表达产品卖点的一种形式。卖点可视化表达的核心是卖点展示，用产品画面表达产品内容。

用户在刷短视频的放松状态下，用画面传递信息的方式永远优于文案；30 秒把卖点讲清楚远不如前三秒就把产品效果展示给用户看。产品即内容，产品展示或产品使用过程本身就是内容。

服饰、美食、家清、潮玩这些类目的产品有天然优势，可以靠“外表”拿下用户的前三秒停留，服饰展示搭配，美食刺激味蕾，家清展示效果，潮玩比拼颜值。如果产品不具备天然优势，那就要学会“包装”产品，将产品的效果可视化表达出来。

比如，同样是放入水中的足浴类产品，如果把产品形态改成“足浴球”，将其扔进水桶里让水变色，让用户有明显的视觉体验，这种微创新的产品形态在兴趣电商平台就比传统形态更吃香。同样是人参茶，粉末状的当然比整支状的更容易吸收，但为了“卖点可视化表达”，就应该让用户看见整支人参，这样才有真材实料的踏实感，同时内容有噱头，方便可视化表达。

周鸿祎之前讲过一个段子，说自己的路由器某段时间卖不过友商，竟然是因为没有外置天线。产品经理为了工业设计的美观采用了内置天线的设计，其效果与外置天线并没什么区别，但是用户的常识认知往往是“两根天线信号不如四根的好，四根的不如六根的好，六根的不如八根的好”。所以周鸿祎开玩笑说，干脆推出一款十二根天线的路由器好了。

这就好像几年前刚进入智能机时代时，我们的常识认知往往是“处理器双核不如四核快，四核不如六核快，六核不如八核快”，一样的道理。路由器有几根天线不重要，重要的是要让用户有感知，要符合他们的常识认知。我们做带货类短视频强调的卖点可视化表达，终极目的也是让用户有感知。

2. 卖点可视化表达创作技巧

家庭清洁类产品在兴趣电商平台做内容有天然的优势，如鱼鳞抹布、马桶疏通剂、重油污清洁剂等产品，其优势就在于产品卖点能够可视化表达，可直接展示产品的使用过程，使用前后的对比效果也清晰可见。

画面是影响用户决定的关键因素，文案则是辅助因素，该类产品在视频中让用户“眼见为实”，因而影响用户的心智。

美妆类的卸妆膏、粉底液、遮瑕膏等产品的效果也可以直接展示出来，使用前后对比就是让产品效果可视化表达。但是美妆类产品通常会遇到一个“卡审”问题——**涉嫌夸大使用前后对比**，我们要明白违规的根本原因是视频利用后期手法和磨皮效果去骗审查，而没有展示真实的使用效果。**展示“使用前后对比”并不违规，违规的是利用后期手法扭曲事实或者对比方式无法直接在视频中验证。**

可视化表达的一种方式是直接让产品说话，不需要复杂的构思就可以用画面传递有效信息；另一种方式则需要通过技巧突出视觉效果，**从效果展示、前后对比、暴力拆割、仪器检测、场景匹配、氛围营造等几个方向展开。**

羽绒服的卖点是“优质鸭绒”，可以直接暴力拆割，掏出羽绒放水里做测试，以展示羽绒不沾水，这样的整体表达形式既能吸引观众停留，又可以直接表达产品卖点，达成有效转化。

T 恤衫的卖点是“高品质打底 T 恤衫”，可以用高画质柔布光体现产品质感，借助放大镜来展示衣服细节，利用轻节奏音乐影响用户情绪，给用户呈现舒适的穿着体验。

MORRORART 音响洞察了文艺青年的审美需求，其带货短视频中匹配场景质感拉满，产品颜值被放大的同时音乐还提供了情绪价值，激发用户的潜在需求。这是一种高级种草，是高客单价产品的标配。

预制菜可以用制作过程勾起用户食欲，用半沉浸式和吃面拟声做好心理暗示，激发用户尝鲜欲。如果匹配场景，如下班回家、深夜偷吃、单身煮面等，转化率会更高。

所有的爆款都有迹可循，有章法可依。如果产品适合可视化表达，就借用产品自身属性去做爆款，把功夫用到画面上；如果产品需要文案转化逻辑才能说服用户，那就把可视化表达作为加分项辅助文案。

3.5　爆量法则五：找到可复制的模板

所有内容型组织，在新媒介稳定获取流量的方式，都是找到一个可批量复制的爆款模板或方法。这是稳定获取流量的基本盘。

自 1895 年电影被发明以来，影像的本质从没有发生变化，只不过随着媒介载体的更迭，内容需要顺应媒介载体的改变而改变。我们要掌握不同媒介的“语法”，学会用正确的“语法”讲故事。

用户不愿意看到重复内容，但是用户又喜欢看重复内容。前半句用户不喜欢看的“重复内容”是指完全重复的内容，而后半句用户喜欢看的“重复内容”是指同一审美趣味下的形式一致、套路一致、结构一致的内容，我们可以称之为“内容模板”。

以抖音为代表的“去中心化”算法推荐机制，可以说“比用户自己更懂自己”，虽然用户主观意愿上不愿意看重复内容，但是刷短视频时在潜意识的作用下，仍旧停留在自己的喜好框架中，一直待在自己的信息茧房里，喜欢的仍旧是同一个模板框架下的“内容裂变”。

在短视频时代，大量的内容被消耗，广告主面临的问题是如何提高“内容生产效率”，以及如何平衡内容创作与内容生产之间的关系。

内容创作负责产出爆款模板，而内容生产则负责把爆款模板吃透。因为全量的竞价广告时代来临，短视频内容被消耗更多的是前三秒，三秒后的内容没有被消耗透彻，所以更换视频前三秒是短视频重新起量的有效方式，也是平衡内容创作与内容生产关系的有效方式。

“可批量复制的爆款模板或方法”可以稳定重复地获取流量，降低不确定性。也就是说，当我们发现一种获取流量的内容时，应该按照该内容的形式和框架批量生产内容，以此来应对投放系统对内容的消耗。

其他媒介的爆款元素在新媒介中依旧具备爆款潜力，如经典电影仍持续为短视频输送养分，《美女与野兽》在短视频里的翻版是“妹子与猪”，“妹子与猪”的同平台借鉴版是“惠然与羊”。有太多的作品可以归类为这种内容创作手法，但是重要的是理解爆款选题是可以重复的，其画面视觉冲击力要比文案本身的感官体验更强。

以此看来，有关热门电影的内容形式和选题都是平台的潜在爆款。

在抖音做电商，产品即内容。

由 90 分的内容人才，靠强 SOP（标准作业流程）和强执行力带领一波 60 分的从业者稳定产出 80 分的内容，才能形成内容生产稳定的基本盘。

带货类短视频的创作核心依旧是“卖点可视化表达”。

产品即内容的另一种呈现方式是营造需求场景，贡献情绪价值。

娱乐类短视频是在交换用户的时间，用户的有效反馈方式是互动；带货类短视频是在交换用户的金钱，用户的有效反馈方式是点击、成单。

要判断你的作品吸引观众的“点”是否与产品本身强相关，也就是引来流量的内容是否对终极目标有效。

任何品类或领域一定有属于自己的爆款公式和技巧，而且可以将其批量化、低成本地复制，可以在保证流量的同时保有大爆的可能性。

要看清抖音的本质，抖音本质上还是娱乐平台，而不是学习平台，抖音现阶段用户更希望收获有谈资的短知识、通俗易懂的泛娱乐知识，以及能启发认知或者让人感同身受的短信息。

所有理论和打法，没有绝对的正确，只有相对的靠谱。

既然借鉴已经成为行业默认的方法论，那么你对这件事的认知越深刻，越能理解流量型生意的本质。

还要有眼光地进行跨品类借鉴，洞悉市场上新的投放素材类型有哪些调整，趋势上有哪些改变，然后紧跟趋势。

线下实体老板与新消费创业者的最大区别是，线下实体老板首先是想着开发一款好产品，用于铺渠道跑动销，并在实体货架上得到验证。而新消费创业者首先是想着搞一个品牌，即便是外企品牌理论下的学习模仿，也要把更多预算花在品牌建设上，而非产品身上。

从用户视角定义，抖音电商还是内容电商，“卖点可视化表达”是“内容友好型产品”的最直接体现，细数抖音过往爆品，“卖点可视化”是爆品的第一属性。

已经被验证的产品策略逻辑，大体分为三种：基于流量竞价思维的选品定价策略；基于用户深度洞察填补市场空白的开品策略；基于对媒介的理解，迎合趋势，做“内容友好型”产品的策略。

对使用“抖音的语言”或用“千川的语言”进行表达的忽视，是传统广告人抗拒新平台的自我逃避和对平台研究不彻底的体现。

基于平台内容属性的破内卷方式是平台奖励新内容类型产出者，谁能为内容生态贡献价值，谁就能获得流量奖励，贡献价值的方式可以是拉新、生产优质内容、填补内容空白等。

要集中精力解决关键问题，不要过分执迷于技巧，从而疏忽了策略！

没有媒介语法意识的创作者，很容易忽视用户的需求。传统的内容创作者会默认用户可以完整地看完这条内容，看完后会喜欢，会被打动。但是在新媒体时代，你得先给出让用户看下去的理由，用户才有可能完整地看完你的内容。

爆款 = 熟悉的元素 + 反常识 + 情绪价值。

在抖音做出爆款短视频的核心是生产具有广域传播性的内容，具体操作方式就是在短视频当中埋爆点，即热点、槽点、争议点、共情点、价值点。

在抖音做好营销比拼的不是有多少钱，能砸多少品牌广告，而是谁能用最低的成本，引发羊群效应，让大众帮你做传播、跟风做爆款，也就是 UGC 引导。

我们对时代的红利和机遇往往后知后觉。

如果你有机会在一年后的时间点看现在的局势，就会意识到自己现在处于多么大的红利之中，只不过因眼界的局限和不求变革的惰性，导致你对困难的关注大于对机遇的珍视。

对内容创作者的基本要求不变，80% 的东西可以复用之前的积累，剩下的 20% 就要去迎合平台的算法和找到用户的喜好。

在互联网时代，没有所谓的怀才不遇，去中心化的算法就是验证内容水准最公平的手段。任何内容形态和审美癖好都能在抖音中找到自己的目标受众。

如果没有内容上的新意，短视频的创作依旧是在汲取之前的养分，只不过换了一种新的媒介和传播方式。因此，创作者需要具备运营思维去考虑交互和传播，学会用短视频的语法做内容。

要将人们的美好向往赋予产品和品牌，而不要利用人性的弱点去卖货。

只要是成功的案例，怎么分析怎么对，荒缪的论证套在一个成功案例上都显得无比正确，“条条大路通罗马”这句话在成功案例分析上，显得格外契合。

人的幸福感是相对的，是通过与周边环境比较得来的。产品也是如此。

低决策成本，短周期即可转化的商品，不需要蓄力自己的 A3 人群，应该是种草即转化，曝光即收割。

学习本来就是反人性的，长期待在自己的非舒适区也是反人性的，人都会想掌握一套秘籍、一套方法，让自己快速掌握某项技能或解决某个问题。

不同的看法就是不同的认知，认知不同才有竞争的差异化，创新的本质是非共识。

所谓的风口是指短时间内的认知不平衡，所谓的红利是指短时间内的供需不平衡，这就是我们最常说的信息差。没有资源优势和能力优势，就只能依靠信息优势，而信息优势的关键就是你获取信息的宽度和广度，你所处的信息环境能够直接影响你决策的正确性。

当一个行业默认“抄袭”为方法论时，就一定没有人才密度可言。

我不反对在抖音靠极其专业的内容吸引高质量用户，但我不提倡既想有流量，又想保持自己的专业水准的两全其美思维。

如果团队的人才密度低，那么其执行力往往很强。该团队不会好高骛远，也不会追求创新，而是会找到一个流量生态位，在垂直领域中不断模仿。

实用性的检验标准一定是用户的喜好，目标用户的喜好决定一切。

写文案前，我们要清楚自己的目标用户是谁，并站在目标用户的视角考虑问题。

商业化创作往往在内容向创作之后出现，要去内容池寻找商业化爆款模板。

效果广告的终极形态是：内容不敏感且兼顾转化和引导购买；出于对用户的基本尊重，不伤害、不欺骗用户；出于对平台内容生态规则的基本尊重，重视原创性。

要回归“第一性原理”，找到自己生意模型的本质。短期生意就是要追风口，打一枪换一个地方，通过与平台规则进行短期对抗以获利；长期生意就要规避与平台对抗，减少博弈，给平台创造价值的同时使自己盈利。

所有的变化本质上是一股酝酿已久的势能，凡是在危机中逆势而起的品牌，全都是以性价比为核心武器的。

竞价广告超级起量的红利尝鲜者几乎都是发现了新的内容表现形式。

在内容平台中，无论是 IP 内容还是电商内容，能大爆的核心关键点无非有二：要么开创了新的内容或表现形式，要么填补了抖音的内容空白。

“永远不变的是变化”，变化中不变的是“内容 + 产品”。

生意模式决定打法。对抖音的认知，决定了商家在抖音的生意模式。

基于认知笃定的重仓才有可能拿到大结果。策略制定有依据，算账结果有反馈，才能驱动超级增长。

对于下沉市场中的用户而言，“非高清”和“粗糙感”反而代表了“真实性”，精致的画面对他们来说亲和力不够，距离感太远。

内容审核，先打动自己再打动用户。

以消费场景激发消费需求的信息位判断标准是：在看到这条视频之前，用户并没有消费需求，但是看到这条视频后，激发了他们的购买欲望。

提炼出你最想让用户记住的一句话，然后重复，重复，再重复。

本质上广告不分效果广告和品牌广告，广告只分两种：有效广告和无效广告。

效果广告的本质是回归营销本身，不为是了吸引眼球的语不惊人死不休，也不是花里胡哨的“自嗨”型文案孤芳自赏，是踏踏实实的信息位洞察、痛点剖析、可视化表达、兴趣激发，并且用“抖音的语言”进行表达。

所有的组织在内容媒介中稳定获取流量的方式，都是找到一个可批量复制爆款的方法或模板。然后在通过审核的情况下无限复制、循环、迭代、优化。

效果广告已经迎来“策略时代”，有策略才有差异化竞争，才能不只流于跑量模板的形式，回归产品本身，回归品牌本身，实现真正的营销价值。

如果说电梯广告是在封闭空间对用户的“骚扰”，那么效果广告应也是占领用户心智的重要渠道。

内容爆款的突破口通常是填补了平台的内容空白或者创造了新形式。

云图的出现，使品牌人群数据资产变得可衡量，投后结案有了参考；使预算浪费不再模糊，而是清晰可见；使视觉盲区在可追踪的数字营销体系下被铲平，让无法证伪的方案变得有据可依。

信息位是定位的子集，定位解决的是品牌长远发展的问题，而信息位解决的是品牌当下的销售问题。倘若品牌定位不能清晰地转化为“内容友好型”，就要在此之外找到最能激发消费者下单和购买决策的最有说服力的卖点。

搞定营销号自然流量的核心是“玩梗营销”,“玩梗 + 反常识”是视频出圈的必备条件。

竞价广告的终点是短视频素材，短视频素材的终点是内容策略。

新消费场景的营造，源于对用户的深刻洞察。我认为，脱口而出的是常识，认真思考后产出的才是洞察。

定位解决的是品牌的长远发展问题，而信息位解决的是品牌当下的销售问题，好的信息位当然也能服务于品牌定位。

想要解决前三秒“让用户听你说下去”的问题，我们就要深刻地洞察用户，站在用户的角度去寻找其使用场景的最大公约数。

先激发消费场景需求，再思考文案转化逻辑，需求建立和人群圈定是最重要的第一步。

把 90% 的精力放在开头第一句话上，用具有吸引力且不搞噱头的内容去吸引目标用户，并使其停留。换句话说，不仅要考虑点击量，还要考虑转化率。

自媒体时代，内容创作者最重要的能力是共情和有网感。共情是对用户情绪的洞察和感知，有网感是对内容的整体把控。共情和有网感合起来，就是能清楚地知道用户的情绪点，然后用什么样的配乐和文案打动什么状态下的人。共情解决的是情绪的问题，网感解决的是让情绪在什么时间段出现的问题。与网感挂钩的是节奏，但快节奏不代表有网感。

用前三秒留住观众，让用户看下去，才是短视频时代爆量的关键。

当下，绝大多数团队的问题在于，把精力放在了我该怎么说上，而没有放在怎么让用户先听我说上。

流量的精准度是以市场渗透率为代价的。

一个千川短视频编导造成的浪费，不仅仅是其本人的薪资，还有连带的摄影、剪辑的人工成本，垃圾素材造成的投放预算空耗，以及直播间的成本、机会成本等。

我们看到过很多一句话就爆赞的视频，也看到过很多一个空景镜头就有百万次点赞量的视频。因为它们都是在提供情绪价值，用文案和音乐引起用户的共鸣，评论区就是共情的留言板。

如果内容团队的人才密度较高，请尽情发挥。小爆靠勤奋，大爆靠创意。

在不懂什么是网感的人眼里，网感或许就是玄学，但内容从业者应该深知网感不是玄学。

不是高质感不跑量，而是不同媒介有不同媒介的语法，内容载体的改变需要内容从业者按照新载体的语言做内容。

所有的刻意练习都是为了形成潜意识的共识，信息输入得足够多，才能准确决策。

当同类品的素材同质化越来越严重时，卷的将不再是技巧，而是踏踏实实的内容，会回归内容本身，策略 + 差异化竞争反而变得越来越重要。

内容场负责增长，中心场负责提效。

NPS 值体现了推荐率，LTV 值体现了复购率，好评和复购是核心指标，而复购无论是直接性的平台式还是基于私域运营的维护式都一样。

第4章 打造爆款短视频的方法

把90%的精力放到开头第一句话上，用契合视频内容的具备吸引力且不搞噱头的真内容去吸引目标用户停留，不仅要考虑点击也要考虑转化。

带货类短视频是在交换用户的金钱，用户对其表示认可的反馈方式是点击、成单、付款；娱乐类短视频是在交换用户的时间，用户对其表示认可的反馈方式是点赞、评论、收藏、转发。这一章我们来聊一下以抖音平台为主的娱乐类短视频创作方法论。

4.1 爆款短视频的重要特征：具有广域传播属性

1. 爆款短视频的逻辑

在抖音平台做内容前一定要先调整好心态，并且要对当下的抖音环境有一个基础的认知。

第一，要放平心态，不能要求自己一上来就火，恨不得第一个作品就大爆，这对大多数人来说几乎是不可能的。

即便是我们熟悉的“大V”也是通过不断调整，才最终呈现出理想的作品形态，还要加上“DOU+”投放的助力，进而把作品顶上热门。你看到有些账号发第一条作品就爆火，只是因为他们把之前数据表现不好的作品隐藏或删除罢了。

所以我们要放平心态，发布前十条作品的目的就是找到问题并解决，找到在抖音做内容的感觉，遇到数据高于其他作品平均值的作品，加以DOU+助力即可，不要想着一上来作品就大爆。

第二，**要看清抖音的本质，抖音本质上还是娱乐平台，而不是学习平台，抖音现阶段用户更希望收获有谈资的短知识、通俗易懂的泛娱乐知识，以及能启发认知或者让人感同身受的短信息。**

其更多充当的是“社交货币”，宜简不宜繁，千万不要因自己的专业性而不讲“人话”，要讲让用户都听得懂的内容，**要蹲下来和用户说话，站着都不行。**

2. 核心逻辑

在抖音做出爆款短视频的核心是生产具有广域传播性的内容，具体操作方式就是在短视频当中埋爆点，即热点、槽点、争议点、共情点、价值点。

1）蹭热点，快速起量

蹭热点是作品起量最快的方式，可以蹭的热点不仅仅有事件型热点，还有音乐热点和形式热点。

事件型热点：这类热点时效性非常强，需要极快的反应速度跟上热点，它比拼的是反应速度和对热点的预判，压准就会蹭到热点流量池的第一波流量。

要蹭的事件型热点一定要与自己账号的属性息息相关，特别是在账号创建前期，不要为了蹭热点而蹭热点，一旦作品蹭到不相关、不匹配的热点大爆，就会影响账号的垂直度，不利于后续作品表现。

音乐热点：这类热点比较容易理解，在某个时间段总有几首歌是抖音的热门，甚至会因某首歌而产生相对应的热点话题，比如，《蜜雪冰城甜蜜蜜》《小城夏天》，以及凤凰传奇重新火起来的歌曲等。

我们在看到爆款短视频，尤其是点赞量几十万甚至上百万的纯音乐短视频时，可以先点开右下角旋转的CD图标，去看使用过该音乐的短视频和账号，寻找所有短视频和账号的共性。

在所有的短视频里面，我们可以选择与自己账号属性相关联的类型。比如，对教育相关的账号来说，“开学歌”和“尿床歌”都非常适合，再蹭上开学热点，作品的表现一定优于平常。

再比如，《清新的小女孩》这首歌刚火的一段时间里，几乎所有的影视剪辑号都在蹭它的热点，只要用了这首歌就会有流量加持，因为这首歌很容易引导观众看下去，大大提高了视频完播率。

我们甚至可以蹭一些季节性的音乐热点，比如秋冬时爆火的背景音乐有韩剧《鬼怪》的主题曲，以及一条天气预报的音频——“中央气象台预计，从明天开始，新一股较强的冷空气即将来袭……”我们直接去抖音搜索这些背景音乐的关键词，就能看到很多爆款短视频。

形式热点：蹭形式热点就是指某一种拍摄形式火了以后，在内容不改变的情况下按照热门形式拍摄，这样更容易起量。

一些短视频在抖音爆火的原因，要么是填补了某一领域的空白，要么是填补了某一形式的空白。

下面列举几个形式热点的案例：“齐小明营养师”“阿甘读书会”“黑马运营笔记”。在这三个账号上我们都能看到明显的形式差异化，非常有意思。你可以思考一下，如果把这几种形式用在你自己的账号上，你会怎么去拍，怎么去写呢？

2）利用槽点，引发评论

在短视频中利用一些大众眼中的“槽点”可以引发评论，一些草根网红就利用了这种方式。

比如，一条养猪短视频，为什么有的人会选择“动感BGM+美女+运镜”的方式去拍？“养猪+美女”就是一个非常大的槽点，不仅能引起讨论，还能引起用户关注的欲望。

还有一个画画博主，她的每幅画在我这个外行人看起来都非常好看，但是她偏偏用最邋遢、最粗暴的方法去创作，一幅画画下来，她整个人从头到脚没有一个地方是干净的。在她短视频的评论区里都是“画画用得着这样吗？”等评论。你看，槽点这不就来了？评论区热度起来了，你还愁自己的短视频不爆吗？

所以我们可以故意在作品中留下槽点引发评论，但是我们用这种方式一定要注意分寸，尽量用一些无损自己账号的槽点来提高评论区活跃度。

3）引发争议，并能自圆其说

这种方式是指，短视频中的话题或者言论有争议点，但是最后能够自圆其说。

数据统计显示，热门作品的极限词使用频率非常高，比如，把“可能”说成“一定”，把“多数”说成“全部”，把

“注意”说成“千万别”。某件事可能有风险，为了流量，在抖音就可以说成“做某件事一定有风险”。但是这种极限词的使用有好也有坏，在后端视频投放的时候可能有“卡审”的风险，这种做法更适合自然流视频，需要根据自身情况酌情使用。

所以使用这类极限词时要尽可能强调某个自我观点，而不要用极限词来强调客观事实，要在无关对错的层面引发争议，如果把极限词运用到客观事实上就成了真正的“大槽点”了。

其核心还是吸引用户眼球，激发用户情绪。在很多领域都存在两派之争，有些观点并没有对错之分，只不过各自有各自的出发点，我们只要稍稍放大该类争议点即可。

比如，年轻人到底该不该买房？年轻人要不要存钱？中医好还是西医好？不要用疑问句，而要让言论击中用户，有自己的明确态度。给用户选择题，不如和他们“抬杠”。

现在你可以试试用这个方法去修改账号短视频里的第一句话。这样改完以后，会更吸引人继续看下去。

4）让用户共情，引发互动

共情比较容易理解，就是让用户哭，让用户笑，让用户因为你的某个执念而感动，讲出他们的辛酸，让他们与你感同身受等。

真实最容易让用户共情，比如，热点事件“阿健的故事”，让用户看完直接“破防”。

再比如，前段时间比较火的“一个普通女孩的十年”，视频时长三分钟依旧爆火，而且视频中多是普通的素人，用照片加上那首煽情的《和你一样》，流量就特别大。

如果你的故事是励志的，就积极引导人们相信人生充满各种可能，困难仅是一时的，要加油、要努力；如果你的故事平淡普通，就歌颂伟大的平凡，让人们珍惜身边的人，过好当下每一分钟。

共情的本质就是在别人的作品和过往经历里寻找自己的影子，真实最容易让人共情。如果你想打造自己的真实人设，建议你做一个“我的十年”并置顶，这样的作品说服力极强。

5）提供价值，强化短视频重要性

我们要站在用户的视角来评判某条短视频是否对自己有益，能否给自己提供真正的知识或者某件事情的解决方法。

我们可以帮助用户避雷、避坑，或者分享一些生活小技巧。总之，作品是否真的提供了价值点的评判标准就是，用户是否点赞、收藏了该作品。

所以有些博主的口头禅就是“赶紧点赞、收藏，不然下次就找不到了”，目的就是强化自己短视频信息的重要性。

4.2　好选题是创作爆款短视频的前提

下面，我来说说一个选题是怎么被提出的，希望你可以在看完之后，将这套 SOP 内化成自己的兵器。

第一步：建立属于自己的选题库。

选题库应该涵盖你身处领域的各个阶段的用户的问题、困惑，要先把这些问题依次罗列出来，这就是你选题库素材。

然后，你要去其他自媒体平台搜索与该领域相关的最热门的“问答”，深度了解大家究竟在关心什么问题，所关心问题的哪个点在引燃大家的情绪，这样的问题就是选题！

第二步：深度分析十个同行。

选出十个同行账号，挑出其最热门的十条短视频来拆解分析，看这些账号最火爆的短视频在探讨哪些问题，并做出标记。

你会发现一些规律，有几类问题和选题角度能引起用户的共鸣，激发用户的情绪。在播放量相近的情况下，评论或转发比较多的短视频，往往是话题度比较高的，非常适合你去借鉴，添加到自己的选题库中去。

第三步：注意达人的选题角度。

你要注意达人的选题角度，同一个问题从不同角度切入会有不一样的效果。你要想清楚自己究竟要扮演优势方还是弱势方；是以大佬的姿态侃侃而谈，还是蹲下来告诉用户，我们都是普通人，我可以做到，你同样也可以。

第四步：分析同领域热门短视频下的热门评论。

通常热门评论就是观众的情绪点，热门评论有助于你更好地理解该作品为什么会爆，其真正爆点在哪里，然后借鉴并优化，运用到自己的选题策略上来。

第五步：相信大数据。

在其他平台爆过的内容换一个平台依旧会爆，最起码其流量也会高于均值。

所以你可以借助其他平台的过往爆款，把它们改造到抖音平台上，因地制宜，改编成符合抖音调性的内容，节奏紧凑，不说废话，视频信息量大再辅以标题技巧和文案脚本技巧，必成爆款。

4.3　好标题的七个模板

1. 好标题是什么样的

在抖音平台，用户第一眼看到的除了视频画面本身，就只剩下标题。

抖音短视频的标题非常重要，标题起得好，点赞少不了。一个好标题通常能吸引人停留阅读，甚至在评论区留言互动。

所以我们既要花费大量的时间在选题和脚本打磨上，也要把时间花在起标题上。

标题在很大程度上决定视频前三秒是否能留住用户，所以标题也要参考我们的爆款逻辑所讲的内容。

2. 七个好用的标题模板

以下是七个好用的标题模板，你可以先看看这些模板，并试着代入你看到的爆款短视频，看看它们的标题符合哪一个。

1）言论出格，打破常规

例如，“有钱人的世界比你们想象的要傻得多”“年轻人千万不要买房，不然后悔死你”。

这种起标题的方法利用了爆款逻辑的“争议点”，以逆向思维颠覆大众的传统认知。

比如，人们印象中富人应该是精明的，怎么会是傻的呢？小学生也能日入过万？这不科学啊。

言论出格，打破常规，用常规认知里相反的词结合对应语境，然后通过某个案例来佐证自己的观点，视角新奇。

2）抛出疑问，引导代入

例如，“你有没有想过一个问题：有钱人为什么有钱？”“你有没有过这种体验……”。

这类标题的本质上是拉近与用户之间的距离，让用户带着共情听完你的讲述。

你在讲述中一定要抒发自己的观点，把自己的姿态放得足够低；应该与用户站在同一阵营，而且自己要表现得比他们更蠢，比他们当时的遭遇更惨。

比如，你可以先问用户“你有没被骗的经历”，再讲述一个自己比一般受骗者还要惨的故事，并抒发对骗子的痛恨，然后抛出转折点和你最后的处理方式。

内容要让人有强烈代入感，这样才能牵引用户情绪，让用户看下去。

3）以偏概全，言论偏激

例如，“月薪不过万你还有脸买基金？”“本科以上一定做不好抖音”“年轻人千万不要买房，不然后悔死你”。

用个别的极端案例来描述整个群体，其本质是以偏概全，引发争议。

这一类极端案例通常都会有一个限定范围，我们可以在标题中省略很多定语，将标题起得出格吸引观众停留，在脚本阐述中再把个别极端案例的情况讲清楚。

比如，标题是“年轻人千万不要买房，不然后悔死你”，实际脚本阐述的却是“迷茫期的年轻人千万不要买房”“负债中的年轻人千万不要买房”。

只针对某一类加了特殊条件限制的群体，这样整个脚本就会显得通顺而有逻辑，而不是像那些“标题党”那样胡说八道。

当然你也可以明确自己的观点，这类观点无关对错，比如，“月薪不过万你还有脸买基金？”

你可以讲述为什么这类人就不该买基金，他们当下应该去做什么，正确的方向又是什么，应该把主要精力放到哪里等来论证你的观点。

4）数字提醒，轻松掌握

例如，“看懂三张图帮你涨粉 100 万”“只需三招，让身边的人对你刮目相看”“三句口诀让你单月涨粉 200 万人”。

学习本来就是反人性的，长期待在自己的非舒适区也是反人性的，人都会想掌握一套秘籍、一套方法，让自己快速掌握某项技能或解决某个问题。

用数字提醒是暗示用户方法简单、步骤简捷，然后理所当然地为该套简单方法所达成的结果、所起到的惊人效果背书，让用户产生只要有了这么几招就可以轻松掌握某项技能的错觉。

5）放大奇迹，化繁为简

例如，“如何零成本赚到人生第一桶金？”“小学生也能日入过万”。

这类标题全然不提事件发生的背景和其他关键性因素，而是把“奇迹”无限放大，让你产生这件事做起来很简单的错觉，化繁为简。

其本质是降低用户的行动成本，让用户有行动的第一动力，用个别极端成功案例刺激用户。

6）揭秘窥探，勾起兴趣

例如，“揭秘哈维尔 2027 的真相”“揭秘成为抖音网红的真相”“250 万名粉丝网红一个月究竟能赚多少钱？”。

所有人都会有窥探欲，都想了解事件背后的真相，揭秘打假类题材一直很火就是这个道理。

其实这类短视频也有“社交货币”的属性，可以充当用户饭后茶余的谈资，同时你的揭秘和打假会巩固自身 IP 的真实性，提高用户信赖度。

7）逆反心理，损失前置

例如，“如果你还想继续失败下去，请划走这条视频”“如果你想继续被 ××× 坑骗，请划走这条视频”“如果你不在乎

×××带来的后果，请划走这条视频”。

人们往往越不让干什么就越想干什么，这种利用用户的逆反心理的标题，可以称得上万能模板。

任何行业都可以利用这个模板起标题，先抛出一个严重的后果，再加一句“如果你不在乎”或“如果你还想继续”就会引起用户的警惕，这时用户的注意力会特别集中。

这时告诉用户请划走这条视频，其实本意是让用户不要划走这条视频，因为用户对不好的结果或者代价产生了警惕，就会理所应当地听你继续说下去，这种标题利用了用户的逆反心理，要比“千万别划走”更有效。

4.4　可复制的爆款内容架构

1. 爆款短视频的脚本模板

抖音脚本通常采用三段式或者一段感叹式的内容架构。

1）三段式脚本

三段式脚本的核心是“两重一轻”，开头“重”是为了吸引用户停留，让用户看下去，提高完播率。所以，脚本的第一句话通常是标题，表述视频的核心主题。

结尾“重”是为了击中用户，给用户一个关注你的理由，或者升华主题，让用户感觉你讲的内容有价值，你后续还会持续产生价值。

中间“轻”是指中间论述你的标题论点时可以适当“偷懒”，要保持节奏的轻快，用相关案例佐证你的观点，最好是能用正面案例在不经意间秀自己的实力。不经意间显露实力和水平才是建立信任和拉近粉丝距离的关键。

2）一段感叹式脚本

一段感叹式脚本约等于一个长感叹句，其核心是传递某个观点或者某种态度，而不是论述这个观点和态度。

这一类脚本通常在15秒左右，目的就是让持不同态度的用户在评论区讨论、争辩、解读。此类脚本更适合蹭时事热点，如新规颁布、某行业动荡、某突发事件，你都可以借助一段感叹式脚本去传递你的态度。

一个绝大多数入局抖音的玩家会在脚本创作上犯的错误就是“不说人话”，你越专业就越放不下自己的身段，就越会觉得心里有包袱。

反而实力不如你的同行在抖音做得风生水起，他讲得也没你专业，说的都是一些简单的“小白”问题，而恰恰是简单的“小白”问题受众面更广，用户群体更多。

我不反对在抖音靠极其专业的内容吸引高质量用户，但我不提倡既想有流量，又想保持自己的专业水准的两全其美思维。

真正想学习知识的人一定不在抖音上学，所以做抖音账号如果想要大流量还是应该保证内容绝大多数人都能听懂，把知识泛娱乐化，用另一种观众更容易接受的方式达成你的目的，同时也要给脚本埋爆点。

当然，我们不排除有些人可以用个人魅力和个人实力去吸引用户，他们可以不用什么脚本套路、技巧，天生自带亲和力，就能很轻松拉近与用户的距离，这类天赋型选手就可以按照自己的天赋任意发挥了。

2. 常见脚本形式拆解

1）抛出问题 + 分析原因 + 引导互动 + 具体讲解

例如，“播放量卡在 500，不是因为你的视频拍得不好，而是因为你一直没有用 ×××。赶紧点赞、关注，不然就刷不到我了……”

这种脚本形式适用于任何行业、任何领域。先列出你所在行业的通病，把问题抛出，再告诉用户遇到这种问题不是你的错，是因为这个行业的乱象，不是因为你不聪明、不仔细，而是这个行业有不为人知的潜规则，大多数外行人都会中招，再引出自己方法论和干货内容。

此类脚本可以把一个行业的普通知识点，变成用户更容易接受的建议。因为你站在了用户的角度思考问题，用户能产生代入感，而不是觉得你纯粹在说教。

2）放大技巧价值 + 轻松获取 + 具体讲解 + 案例证明

例如，“我只做了一个动作，播放量冲破 700 万。赶紧点赞、收藏，不然就刷不到了……”“衡水名师只用这张纸，全班 98% 的学生期末考满分……”

这种脚本先展示使用一个简单技巧、方法或工具就可以达到惊人的效果，再表示用户不费吹灰之力就可以将其掌握。

在浮躁的短视频时代，用户越来越没有耐心，越来越急功近利，一些所谓的技巧分享都会引起大量围观。

为了后续脚本的合理性，你可以把这个技巧改为某种理念或某种思维。为了吸引私域流量，你可以把这个技巧改为一张思维导图或者一份 PDF 文件，再强调这张思维导图或这份 PDF 文件的实用性，利用这些工具你获得了什么成绩等。最好能有实际的截图展示，这样才会更有说服力，在讲解的过程中也会让个人 IP 更丰满。

3）抛出疑问 + 数据佐证

例如，“你知道只刷抖音也能分钱吗？99% 的人都还不知道……赶紧点赞、收藏……”

这类脚本先透露一个行业的信息差，再把数据绝对化，如“99% 的人不知道”“95 后绝对不知道”“99% 的杭州人都不知道”“只有‘00 后’‘10 后’才知道”等。

你认为大家都知道的信息，其实在外行眼里就是干货。不要担心信息差不够超前，不要把该信息放到自己的圈层进行比较。要考虑圈层外普通用户的感受，你的内容不是说给行业精英听的，而是讲给普罗大众听的。

你敢相信吗，一条教大家怎么下载无水印的抖音视频的视频都能有 20 多万点赞？这类在你眼里已经烂大街的信息，在圈层外用户眼里就是干货信息。

4）指出错误 + 给出方法 + 引导互动

例如，“如果你还在手动给视频添加字幕和音乐的话，那你就大错特错啦，高手们都在用 ×××。”“你不会还在用洗衣液洗衣服吧？早就过时了！现在大家都在用 ×××。”

这类脚本的核心是用新方法去颠覆老办法，或者用新思维代替旧思维，先否定用户，然后让用户跟着你的节奏把视频看下去。

这类脚本适合用在真正有效的新方法或者个人的经验绝招等内容上，它们要么可以提高效率，节省用户时间，要么可以带来明显的效果。

你也可以利用这类脚本推广新产品，先否定用户的固化思维和常规认知，然后花篇幅介绍新产品的特点。

5）必备神器＋数字结构＋举例清晰

例如，“分享五个自媒体必备神器：第一，×××；第二，×××；第三，×××；第四，×××；第五，×××。”

这类脚本比较套路化，但越是这种简单明了的方法拆解越会让“小白”感觉有价值，有法有依，有据可循。

当你分享一组干货时可以采用这种脚本，把步骤逐个拆解展示，举例要条理清晰，也可以再加上一句“最后一个最有价值”之类的引导话术，来提高完播率。

3. 爆款短视频的内容创作方式

在创作爆款短视频内容的过程中，核心要素之一就是选题。选题要紧紧围绕用户需求，通过关注用户痛点，解决用户问题，提供有价值的信息，从而吸引用户的注意力。这也确保了内容的实用性，让选题具有解决实际问题的价值。

然而，仅仅满足需求并不足以打动用户，因此选题要有独特的切入点和亮点，以吸引用户的眼球。同时，选题要有趣味性，以引起用户的兴趣和好奇心，激发用户的分享欲望。在此基础上，选题要具备话题性，引发用户间的讨论，进一步增强用户之间的互动。

另外，我们需要关注选题的时效性，抓住当前热点和趋势，使用户产生更强的关注和分享欲望，这样可以将选题快速推向更广泛的用户群体。

选题需要触动用户的情感，引起他们的共鸣和认同，这有助于深化用户对内容的印象和感情。这一点与品牌价值的塑造息息相关，只有选题与品牌价值相符，才能有效地提升品牌形象和价值，使用户对品牌产生认同。

“硬实力”大多可以速成，而“网感”“节奏”“审美”“感知力”“共情力”，这些无法用具体参数衡量的“软实力”要长期积累，无法短时间掌握，是内容从业者需要着重储备的。

共情力和感知力几乎决定了内容从业者的上限，内容从业者只有拥有强共情力和感知力，才能理解“内容的情绪价值”，只有情绪价值才能击碎消费决策的理性，由理性导向感性。

审美则决定画面质量，决定可操作品牌价值上限。网感也需要见多识广和刻意练习，遵从一万小时定律，潜移默化、熏陶学习。网感不靠天赋，多数是靠后天培养的。

多刷多看，刻意练习，刻意拉片，是养成网感的最好方式。**在不懂什么是网感的人眼里，网感或许就是玄学，但内容**

从业者应该深知网感不是玄学。网感需要刻意练习，需要情绪感知，需要创作嗅觉，需要决策判断，需要经验积累，需要知识沉淀，同时网感也需要内容载体，让看不见、摸不着的东西通过数据的方式体现。

所谓的感觉，是长期环境熏陶和潜移默化的结果。高手的学习方式从来都是：先用感性能力帮助自己选择，再用理性能力帮助自己思考。

4.5　短视频创作依旧是内容为王

如果非要说做抖音短视频有技巧，那么短视频创作依旧是内容为王。

说到内容为王，一时令人头大，因为我们都知道做内容门槛很高，做出好内容没那么容易，还是走捷径利用技巧轻松，但是作品的创作门槛越低就越容易被淘汰。

每个人所处的阶段不同，对平台的理解也各不相同，虽然“内容为王”是句正确的废话，但正是这句正确的废话，才告诉你更应该把有限的精力和金钱花在影响结果更明显的地方。那些天天不研究作品，不分析内容套路，不懂表现形式迭代，不愿打磨选题，只强调“精细化运营”的“口嗨”表现，就算把数据分析得再透，也仅是自我安慰，浮于表面。

说到内容为王，总有一些创作者混淆概念，他们总把“视频质量”误当成“内容质量”，刻意追求拍摄的专业化，而忽略视频的内容本身。内容质量是指视频拍摄的内容，无关乎你用什么拍摄设备、什么剪辑软件。内容质量是决定项，而视频质量只是加分项，在提高内容质量的前提下，再去提高视频质量才有意义，否则只是徒劳。

你可能会感慨某些“大 V”视频拍得真好，可是人家的好也是建立在内容质量优质的前提下的，换成手机拍摄人家一样行。

短视频本身就降低了创作者的门槛，即使你不懂剪辑、不懂拍摄，只用一部手机也可以完成创作。然而，越是行业之外的人越迷信“拍摄的专业度”，总认为单反相机拍摄得一定比手机好，他们所谓的“好”不是内在的“好”，而是外在的“好”。

实际上，许多非剧情类的抖音“大 V”几乎都在用手机拍摄短视频，即使是剧情类的“朱一旦”也是用手机拍摄的。影视从业者初入短视频行业也会犯类似的毛病，形式主义会拖垮你入场的脚步，在资源有限的前提下，请尽可能把劲儿使在刀刃上。

短视频的节奏几乎是传统影视的两倍，这里没有“开端—发展—高潮—结局”，而直接是“开端—高潮—结局”，甚至是“高潮—发展—高潮”，没有结局。没有结局就给用户留下了悬念，留下悬念才能引发关注。

你仔细想想，抖音的悬疑剧是不是这样的？不需要什么逻辑，只需要埋下悬念并设置反转。因为短视频没有结局，所以你完全不用考虑逻辑是否合理。把无结局短视频玩到极致的当属账号“了不起的黛西”，单条披着正能量外衣的无逻辑悬疑剧一夜吸粉 200 万人，就是靠着这种“高潮—发展—高潮”的作品模式爆火的。

创作爆款内容有以下几个注意点。

1. 作品内容要具有广域传播属性

这句话的意思就是作品内容要有“点”，可以是**笑点、泪点、痛点、槽点等**，娱乐性的短视频是永远的红海，老少皆宜，喜闻乐见。

泪点、痛点不用多解释，官方新闻号发的“千钧一发舍己救人”的短视频就戳中了用户的泪点，“正道的光”也是同样的道理。

2. 要在作品中制造反差

如果你本身就是歌手，你即使唱到 95 分在抖音上也不会火；但倘若你是农民工，你唱到 70 分就是人才。

类似的例子数不胜数。专业的人做专业的事做到 100 分才算完美，而非专业的人做专业的事做到 70 分就很突出！

因此我们可以让作品中的人物做与自身年龄、职业、地位不符的事，这样就会非常有趣。

3. 大热门的底层逻辑

某段时间大火的内容一般都**填补了平台的内容空白或者创造了新形式**，在此之前平台并没有风格相似的内容，它们才会有机会成为大热门。

你可以细数一下自己叫得上名来的网红的作品特点，捋一捋是不是这个理儿。还有一些话题在平台长久不衰，如“**模仿老师回忆杀**”，几乎每隔一段时间都会出现一个模仿老师而大火的账号，这与平台的活跃用户年龄层分布有关。

如果真的说玩抖音有技巧，那么最大的技巧就是生产好内容。有能力就去原创，没能力就去改写，站在巨人的肩膀上看世界，世界一片明了。

4.6 理解内容套路，少走弯路、少踩坑

在刷短视频的大多数时间里，用户的精神都是松弛的，短视频本身还是没有离开“奶头乐”效应，40% 提供情绪价值，40% 哗众取宠，10% 提供新闻资讯，最后 10% 是垃圾碎片或精英内容。由于抖音短视频碎片化的特性，用户还是更喜欢直来直去的内容。

“标题党 + 模仿套路”创作方法论养活了一批泛知识“大V”和带货主播。

尤其是带货投放素材产出，还远没到达到拼创意的阶段，90% 还停留在“模仿套路”中。

跑量模板适用于大多数竞品，甚至可以套用到任何产品上。

利用人性的弱点可以引发巨大的流量，但是这些流量来得快去得也快，我们很容易理解为什么二类电商白牌产品最先抢占抖音的内容场流量，靠千川投放实现爆发性增长。这些品牌就是利用人性的弱点引发巨大的流量，用高流量引发转化。

但是不要忽略一个问题，用高流量引发转化的前提一定是拥有足够大的流量，不然就是无意义的“自嗨”消耗，表面虚假繁荣，转化率不忍目睹，图个热闹而已。这个逻辑适用于各种类型的抖音短视频，个人 IP、带货类短视频、千川投流素材、蓝 V

品牌宣传都是如此。

我们知道很多内容自带流量，比如蹭热点、哗众取宠、博眼球的标题，但是其带来的流量的转化价值有待思考。我们可以套用两个模型来解释流量转化价值的问题。

第一个模型是浴缸模型。浴缸有两个口，一个是进水口，一个是出水口。在浴缸模型中，决定你能否正常洗澡的是**“留在浴缸的水”，而不是“流入浴缸的水”**。很多蓝 V 品牌“自嗨”型创作吸引的流量就属于“留不住的水”，对转化无价值，仅仅是能用于 CPM 的数据。

第二个模型是淋浴模型，只要有流水就可以洗澡，也就是流量皆可转化。

浴缸模型的有效因素是“留在浴缸的水”，淋浴模型的有效因素是“所有流水”。两个模型对流量的要求不同，一个要求流量可以转化，另一个则只要是流量即可。那如何判断你的作品究竟属于浴缸模型还是淋浴模型呢?

要判断你的作品吸引观众的“点”是否与产品本身强相关，也就是引来流量的内容是否对终极目标有效。

举个例子，椰树直播引来了巨大的流量，直播间同时在线人数超过 5 万人，但是转化极差，单场销售不过万元。

当然，椰树本身并不需要直播间的带货转化，我们更应该把椰树的直播定义为市场行为，品牌可以接受此类内容出圈传播，就证明目标用户的审美喜好与该类内容契合。

就好像至今为止我们还能看到拼多多 9.9 元买 iPhone15 的买量信息流广告，因为这种搞噱头的内容，本身就符合目标用户的心理，并且靠这种内容吸引来的用户可以实现对应的目的，符合拉新考核标准。之所以你把这类广告当小品看，是因为你压根就不是拼多多的新一轮拉新目标用户。

同样的道理，得物就不会利用这种套路告诉你 9.9 元可以买到 iPhone15，不是说这种素材跑量拉新效果不好，而是产品本身与内容偏差过大，只能骗注册而无转化。对得物而言，这类内容就是浴缸模型而不是淋浴模型，没有转化价值。

带货类短视频基础转化路径还是：**吸引兴趣，引发停留—卖点种草，产品推销—信任背书，打消疑虑—行动指引，下单成交。**

做好带货类短视频就要懂得三类人群。第一类是产品使用人群，即自己购买产品并自己使用的人群，文案的目的是打动他们。第二类是产品购买人群，即自己不用该产品，而是买给身边的人使用的人群，比如给妈妈买按摩仪的人、给老公买剃须刀的人、给女朋友买美妆礼盒的人、给孩子买新奇特玩具的人。第三类是关注内容的人群。

理论上讲，电商目标用户的数量远少于内容流量池用户，关注第一类和第二类人群的目的很明确，就是转化电商目标用户，而关注第三类人群就是在影响内容流量池用户，激发式购买多是从这类用户中产生的，即便不产生直接性购买，他们也对相关内容感兴趣。蹭热点等类型的短视频，其实就是在影响第三类人群。

这类短视频的数据自然要比普通广告逻辑的短视频要好，点击率和完播率较高，唯独转化率偏低，是用高点击率和高完播率来中和低转化率的。面向第三类人群的带货类短视频更适合可以激发自然流量的带货方式，比如投“小店随心推”，因为内容流量池用户对短视频感兴趣。

虽然转化率低，但是用内容本身撬动足够大的泛流量，这本质上还是用高流量引发转化的逻辑，所有的剧情类带货短视频都是这套逻辑。影响转化率的关键因素还有带货人与货品之间的匹配程度。

销售低客单价产品可以靠“哄骗”，因为用户决策成本低，试错成本低；**销售高客单价产品靠需求洞察，**需要有完整的转化逻辑，兜售种草卖点，建立信任，打消疑虑，匹配使用场景，进而成交。归根结底，套路可以一时有效，当套路和模板泛滥时，还是要回归优质内容本身，以优质种草逻辑和可复制的高转化率文案创作方法论支撑，**遵从“吸引兴趣，引发停留—卖点种草，产品推销—信任背书，打消疑虑—行动指引，下单成交”的慢方法，慢即是快，持续优化，反复迭代。**

兴趣电商良币驱逐劣币已经基本完成，“优价好物”的整体策略不会改变，那么随之而来的一定是新的内容竞争策略升级，而不是简单粗暴的模板套用。

当所有的大牌都入场以后，相似类目的引流素材同质化就会极其严重，最后消费者的选择反而回归品牌心智本身，**效果广告已经迎来“策略时代”，有策略才有差异化竞争，才能不只流于跑量模板的形式，回归产品本身，回归品牌本身，实现真正的营销价值。**

第5章 新媒介下的电商打法

上一次全民“被营销”的“始作俑者”是电视广告，而这一次则是抖音，它与传统电商大不相同：传统电商的话语权被掌握在少数人手里，需求也是这些少数人提出的；而抖音反映的是全民的需求，且投票权属于全民！

5.1 不要忽视平台的流量价值洼地

1. 不要忽视平台的媒体属性

抖音平台拥有内容属性和媒体属性，当下的营销从业者习惯了在内容领域内卷，忽视了平台的媒体属性，而借力媒体传播才是最直接的流量便宜化方式。所有的平台都会经历以下几个时期：**免费流量期、商业化流量期、流量内卷期。**

处于**免费流量期**的平台内容稀缺，内容空白很大，内容要求相对较低，流量容易获取，平台会奖励优质内容创作者，很多达人都吃到了这一时期的流量红利。

处于**商业化流量期**的平台拥抱付费玩家，谁能发现投放生态位，找到适合商业化投放的产品，花钱喂给平台广告，谁就能吃到这一时期的投放红利，抖音白牌电商的崛起就是因为吃到了这一时期的投放红利，依靠投放完成超级增长。当平台商业化体系逐渐成熟以后，流量越来越贵是既定不变的事实，明天的流量一定比今天的贵一点点。

这样，平台就进入了**流量内卷期**，这一时期对创作者来说最难，优质内容难生产，要求也越来越高；投放红利已经退潮，竞价广告体系下各路玩家的 ROI 都逐渐趋向一致。**在这一时期，破内卷就要根据平台属性对症下药，基于平台的内容属性和媒体属性寻找突破口。**

基于平台内容属性的破内卷方式是平台奖励新内容类型产出者，谁能为内容生态贡献价值，谁就能获得流量奖励，贡献价值的方式可以是拉新、生产优质内容、填补内容空白等。基于平台媒体属性的破内卷方式是借助公共媒体，做事件型营销或者激发用户的创作欲望，借用媒体的自然流量把话题顶上热榜，引发“热梗效应”或激发大众讨论和分享。**其本质是找到自然流量的杠杆，借助平台的媒体属性寻找突破口。**

2. 抖音平台的流量价值洼地

抖音的媒体属性一直被忽视，但是仔细想一想，抖音的超级流量事件几乎都是由媒体属性驱动的。比如，鸿星尔克捐款后直播间卖断货，蜂花独特营销唤起情怀等，这些都是借助平台的媒体属性制造的流量漩涡。

抖音媒体属性的重要载体是媒体号和营销号，这也是抖音仅剩的流量价值洼地。媒体号是指各地方级融媒体中心运营的抖音账号，包括电视台、报刊、广播等的抖音账号。

媒体号是热榜话题的幕后推手，相当于各地方新闻电视台，媒体号的隐形特权是“搬运有效”，同样的热点新闻事件，媒体号二次剪辑后发布依旧会吸引巨大流量。媒体号阵地自带羊群效应，如今的播放量指标相当于以前的收视率指标，其目标是提高播放量，所以会跟风头部媒体的爆款内容，因为搬运有效，为了播放量会跟风模仿，比拼的是速度。

除了重大新闻事件，素人产出的内容也是爆款新闻的原始素材，只不过素人的内容要具备“新闻属性”。素人的内容具备新闻属性后，在抖音去中心化流量平台，点赞数和播放量可以快速得到正反馈，然后这些内容会被媒体号发现，经二次剪辑后传播。一旦有流量，羊群效应便会产生，其他媒体号会跟进搬运、模仿。

举个例子，2023 年 7 月高姿防晒喷雾的媒体营销事件——“游泳前妻子给丈夫敷衍喷防晒”。短视频来源于真实的素人，内容很有新闻性，妻子只是敷衍地给丈夫喷了几下防晒喷雾，没想到竟呈现出了喜剧效果。其中看不到广告的身影，但在搞笑的同时让用户觉得“这款防晒喷雾真厉害”。紧接着，高姿品牌方运营了评论区“**小蓝词**”，将小蓝词搜索置顶，直接打通转化链接，用户点击小蓝词可直接跳转到高姿直播间下单。这次营销事件成功的关键还是借助了平台的媒体属性获得了超大免费流量。

根据抖音平台的搜索热度曲线图，当日高姿的搜索指数达到 1 962 424，高姿直播间连续两天不下播，当场销售 GMV（商品交易总额）超过 400 万元，达到了平日销售的 20 倍增长，直播间流量层级冲到了 A9。

高姿这次营销的成功得益于抖音媒体属性的优势借力，素人爆款短视频借力媒体号，引发媒体号矩阵的羊群效应，新闻属性短视频与产品卖点强关联，内容本身并没有广告感，搞笑的同时引发用户自搜索，品牌方运营评论区，高效利用媒体流量完成闭环收割。

我们再看 2023 年蜂花的媒体营销——“蜂花有意认养丫丫”，蜂花早在 2022 年就已经吃到抖音媒体属性的红利，靠独特营销获得巨大流量，而 2023 年又靠企业责任与担当，借助熊猫丫丫的热度，再次用好了抖音的媒体属性，吸引了巨大的流量。

高瓴集团创始人张磊曾说道："只要是为社会疯狂创造价值的企业，社会最终会给予它长远的奖励。"

社交媒体的流量不能硬蹭，不能投机取巧，不能为了引流而引流，而要展现企业的社会责任与担当，产出正向价值观的内容。

内容创作者要引导正向价值观，同时兼顾实时热点，比如，下一页这张图中黑牛曾经操盘的单条视频播放量超过了 2 亿，也是借助了抖音平台的媒体属性。

高姿和蜂花都是利用媒体既做流量曝光，又做闭环收割的案例，我们再看一个纯市场曝光导向的借势媒体营销的案例——小度智能屏。

小度智能屏的产品客单价相对较高，借助媒体流量做转化难度相对较大，因此更适合借助媒体属性做市场传播以最便宜的流量获得最大的声量曝光。**抖音的媒体属性一直被忽视，借力媒体做传播才是最直接的流量便宜化方式。**

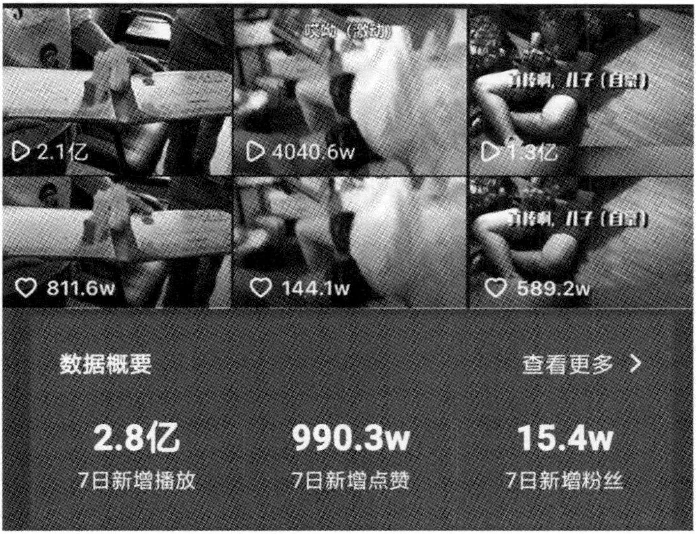

3. 如何借力抖音媒体做传播

1）内容与产品强关联

蜂花和高姿借力抖音媒体属性获取的流量，可以在直播间完成闭环转化，这两个品牌共同的特点是都销售大快消产品，产品性价比高，用户决策成本低，容易被转化。另外，蜂花自带国货情怀，是一代人的回忆，其短视频文案字里行间的朴实无华也符合国货老牌的形象。

而高姿防晒喷雾与小度智能屏最大的区别是“**爆款内容是否与产品卖点强关联**”，高姿的媒体传播案例实际上是“**卖点可视化表达**”，爆款短视频与卖点强关联。你看完有关高姿的那条短视频会感叹高姿防晒喷雾的有效性，会有购买同款的冲动；而看完有关小度智能屏的短视频，你共情的是老年爱情的美好，并不会强关联到你要给家里老人买一个小度智能屏。

所以如果想让自然流量具备转化能力，第一要选择大快消刚需产品，因为用户决策成本低；第二要保证爆款内容与产品卖点强关联，基于产品的使用场景、需求激发、效果呈现做内容。如果仅是为了传播，完全可以基于产品做曝光，比如，小度的这次营销就积累了大量 A1、A2 人群资产，约等于免费的极致性价比流量营销。

2）反常识“玩梗营销”

抖音媒体属性的重要载体除了媒体号还有营销号，营销号的尺度更大，商业化监管比较弱，对于商业化内容的接受度更高。搞定营销号自然流量的核心是“玩梗营销”，“玩梗 + 反常识”是短视频出圈的必备条件。**营销号是“新梗”的布道者，是“玩梗营销”的流量幕后推手。**

伟龙小饼干的反常识“玩梗营销”就给营销号提供了充足的传播素材，如“墙上刷漆打广告”“员工玩梗 T 恤衫”“官号自嘲耿直 boy”等，由此也激发了达人的二次创作。

与达人共创商业化内容，而不是在达人的内容中购买几秒广告位，这是有效利用达人的关键。

3）找到媒体内容爆款公式

爆款 = 熟悉的元素 + 反常识 + 情绪价值。

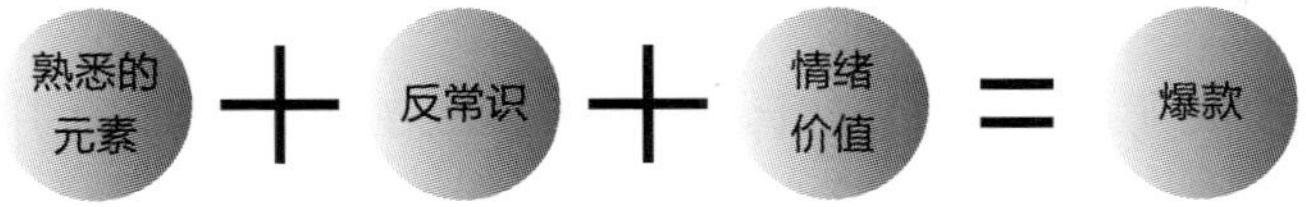

熟悉的元素：品牌性——国货、流量品牌、营销
时效性——节日（七夕节）、热点事件
流行梗——“我没k”：“多巴胺”“crush”
长效性——老人、孩子、宠物、情侣、员工
反常识：令人想像不到的、超出常规思路的点
情绪价值：搞笑奇葩、温情暖心、有趣有梗、正能量

我们以伟龙举例，熟悉元素是伟龙的小饼干，是许多“80 后”和“90 后”的共同回忆，足够有情怀，其包装元素足够熟悉。反常识是正常品牌不会像伟龙这样打广告宣传说“自己没有倒闭”“自己不是小作坊”，而且还把这句话刷在墙上，印在 T 恤上让员工穿。这是老牌反常识的营销。

大众印象里的伟龙小饼干是家比较老的企业，应该不太会用这么新潮和大胆的方式做营销，就好比使用多巴胺穿搭的老大爷，因其本身就很有反差性，所以能够制造有讨论度的话题。情绪价值是伟龙的操作比较搞笑、比较奇葩，即在评论区里与网友互动，持续有梗爆出，并激发评论区里的 UGC 创作。

借鉴上述伟龙小饼干的营销案例，结合媒体内容爆款模

板，遵循平台的媒体属性，即可最大化地挖掘抖音流量洼地。

4）羊群效应，成为领头羊

羊群效应的领头羊就是爆款模板的创作者，其他账号基于已经被验证过的爆款模板做微创新。成为羊头，才能引发爆量。举个最近的电影营销案例，所有的营销人都应该去学习《孤注一掷》是怎么利用抖音媒介做营销的。

在抖音做好营销比拼的不是有多少钱，能砸多少品牌广告，而是谁能用最低的成本，引发羊群效应，让大众帮你做传播、跟风做爆款，也就是 UGC 引导。

《孤注一掷》团队在抖音最火爆的一个模板是“拜佛”视频，本质上是给大众提供一个自带流量的爆款内容模板，确定形式、框架及 BGM，团队找头部达人上个热门（做领头羊），然后引发羊群效应，令大众跟拍模仿。

请铭记："所有的组织在内容媒介中稳定获取流量的方式，都是找到一个可批量复制爆款的方法或模板。然后在通过审核的情况下无限复制、循环、迭代、优化。"

抖音没什么玩法秘诀，全是开卷考试，重要的是谁能看透本质，找到"内容"的领头羊。"认知"这个词被自媒体用多了，就慢慢被贴上了"毒鸡汤"的标签。而事实是你对一件事的认知决定了你的打法和策略，认知是"五厘米"就做不了"十厘米"的事，每多一厘米都是靠信息和经验堆砌出来的。

借用《从 0 到 1》书中的一句话："在什么重要问题上你与其他人有不同的看法？"**不同的看法就是不同的认知，认知不同才有竞争的差异化，创新的本质是非共识。**

认知不同，则打法不同、策略不同。要利用好抖音平台的媒体属性，挖掘抖音流量价值洼地！

5.2 新电商生意模式决定新生态的新打法

1. 生意模式决定打法

对抖音的认知，决定了商家在抖音的生意模式。从目前各品牌在抖音的经营情况来看，抖音不是纯渠道，而是“市场”+“渠道”。

渠道的衡量标准是利润率，大前提是默认有利润。市场的衡量标准是 CPM 和 ROI，声量是首要指标，销售是其次。

所以抖音不可能与其他纯销售渠道抗衡。竞争维度不同，则衡量标准不同，用纯渠道的考核方式看待抖音生意模式一定行不通，因为抖音本质上就是个广告平台。

目前，电商也仅仅是平台广告变现的手段之一，其投放成本占销售金额的比例很高，属于高费比的广告生意模型。

所以认知不同，生意模式的选择就不同，对抖音的认知深浅决定了品牌的竞争策略和打法布局。那些月销售额上千万元的直播间，做对的第一件事就是选对了生意模式。

竞价广告的逻辑是：商家越多，流量越贵；平台商业化渗透率越高，流量越贵。

既然抖音依旧是强竞价广告逻辑，那么前端产生正向利润的难度就会非常大。

对抖音的投入，必须有在其他渠道的溢出，只有这样这盘生意才算健康，才可持续。

连锁反应模式：抖音端投入其他渠道有溢出，如其他电商平台、线下销售、经销商拿货、其他渠道的连锁反应等。

用户拉新模式：产品高复购率的生意模式。虽然单个用户的获客成本高，但是单个用户的价值产出也很高，通常通过战略性亏损做用户拉新，并以长周期衡量单用户投入产出比。

私域复购模式：抖音端的销售只是为了拿线索，将线索转化到私域。基于私域强运营的复购生意模式，可以拉高消费频次，也可以二转高客单，以此来抵销前端的广告成本。

货架动销模式：大快消超刚需产品，低毛利，分佣金，跑动销；动销可以是 KOC 的薅流量模式，也可以是基于抖音货架电商的流量运维，吃透商城流量。

矩阵 KOC 的薅流量模式，约等于传统渠道的线下夫妻店铺货，低成本有动销，但前提是你的产品是大快消且超刚需，最好还是低客单。

所以生意模式不同，流量打法不同。

基于认知笃定的重仓才有可能拿到大结果。
策略制定有依据，算账结果有反馈，才能驱动超级增长。

俗话说“赔钱赚吆喝”，但也要确定“吆喝”的作用是什么，吆喝的变现来自哪里。我们来看一个传统品牌的案例，因为有老钱（old money）的存在，且其投入有肉眼可见的溢出，那么对于这类企业而言，抖音就约等于电视广告。

观点一：渠道之争，抖音是超级加分项。

上个时代，猛砸电视广告是为了渠道之争，是为了经销话语权。移动 App 时代，猛砸品牌广告、电梯广告是为了让竞价不吃亏。当下依旧如此，渠道之争，抖音是超级加分项。因为在渠道的语言体系里，抖音依旧有“媒介即讯息”的特性，在抖音是爆品那么在渠道理应也不差，在抖音砸出来的高销量、高声量，约等于上个时代上了央视广告。对于年轻品牌而言，做好抖音是渠道经销之争。

观点二：唤醒触达，不能丢失的触点阵地。

用户的行为习惯发生了巨大的变化，以往的投放触点已经很难辐射到短视频时代的消费群了。**抖音已经是品牌方不可忽视的超大触点，如果不在该渠道做用户唤醒和触达，该媒介的心智空白就容易被其他品牌占领，短期来看似乎无所谓，但长期来看会因侥幸与傲慢错失新的机会增长点**。新消费品牌最擅长在新媒介中找到增长杠杆，因为新触点有流量红利，而老消费品牌没有进场，流量竞争弱，所以新消费品牌在该触点有机会找到自己的生态位。这个生态位可以是流量生态位，也可以是心智空白生态位。举一个传统媒介投放的案例：白酒行业的洋河股份是高铁站点投放的最早尝鲜者，它在重点省份的枢纽型站点进行饱和式投放，通过在重要场合屡次被看到，使人们对其自然形成大品牌的心智认知，媒介即讯息。

> **洋河股份借高铁之势，找到了投放生态位的价值洼地，靠的是敏锐的商业嗅觉和准确的趋势判断及认知笃定的重仓。所以，如果抖音已经成为国民级的 App，那么品牌市场部不该置之不理，应该保持发声，保持用户触达和唤醒。这是不能丢失的触点。**

认知深度不同，竞争维度不同，则打法策略各有不同。想要超级增长，就应该先思考清楚生意模式，再投入预算。

2. 内容电商，产品为王

《增长黑客》中有一个经典理论：“增长黑客一定要建立在你的产品被验证的基础之上。如果你的产品不是一个好产品，增长就会让你灰飞烟灭。”

选择合适的流量打法和运营方式只是第一阶段，所有生意模式可持续的核心还是要回归到产品本身。

线下实体老板与新消费创业者的最大区别是，线下实体老板首先是想着开发一款好产品，用于铺渠道跑动销，并在实体货架上得到验证。而新消费创业者首先是想着搞一个品牌，即便是学习模仿，也要把更多预算花在品牌建设上，而非产品身上。

根本的区别在于，前者是产品信仰主义，深信市场先认可产品后认可品牌；后者是营销信仰主义，是急功近利的侥幸心理。

那些月销千万元的直播间，做对的第二件事就是“产品为王”。

已经被验证的产品策略逻辑，大体分为三种：

基于流量竞价思维的选品定价策略；

基于用户深度洞察填补市场空白的开品策略；

基于对媒介的理解，迎合趋势，做“内容友好型”产品的策略。

抖音电商自称“兴趣电商”，这是从算法推荐的视角定义的，即算法迎合用户喜好，找到用户的兴趣点，然后匹配对应的内容。

但从用户视角定义，抖音电商还是内容电商，“卖点可视化表达”是“内容友好型产品”的最直接体现，细数抖音过往爆品，“卖点可视化”是爆品的第一属性。

1）基于流量竞价思维的选品定价策略

抖音毕竟还是个广告平台，广告平台的逻辑当然是希望用户变现效率最大化。竞价广告的简单理解就是拍卖逻辑，同一个时间段的同一波用户，在投放内容质量相似的情况下，哪个商家愿意出更多的钱把用户买下，就优先把这个用户推给出钱更高的商家。所以一旦确定付费流量为主流量渠道，定价策略将直接影响用户争抢，这也解释了为什么品牌直播间都在推囤货组合链接。**其背后的逻辑是：在不改变产品性价比的情况下，通过组货盘提高单链接客单价，进而可以有更多的钱来争**

抢用户，迎合算法。

2）基于用户深度洞察填补市场空白的开品策略

超级优秀的产品经理，都有着深刻的用户洞察。

杰克·韦尔奇关于洞察的阐释是："洞察力是什么？最基本的一点是有良好的判断力。洞察力就是同时具备商业头脑、文化敏感性和古老的智慧。"

"今天电教 Pad 为什么还能卖？因为它能消除家长们的心理顾虑，即对孩子的眼睛健康、对孩子沉迷于玩游戏的心理顾虑。如果没有这些顾虑，电教 Pad 是不存在的，仅靠 iPhone 和 iPad 就全搞定了——可以录音，有摄像头，可以联网，所有的内容在线可查，什么问题都可以解决。"——杜国楹

这是杜国楹在接受采访时谈到现阶段电教产品发展迅猛时的用户洞察。只有深度了解用户，才能从用户视角出发来设计出好产品。梳理抖音电商过往的超级爆品，新品防脱发洗发水是填补了霸王市场份额退去后的新一代"996"加班族的刚性需求；徕芬吹风机是抓住了品类升级迭代的窗口，先说服以 Bilibili（B 站）用户为代表的"**穷得很精致的年轻人**"，追求美好生活品质；铜师傅的抖音爆火，是抓住了泡泡玛特未满足的手办进阶玩家需求，年轻的时候喜欢塑料潮玩，年纪稍大便开始追求厚重与质感，纯铜材质与潮玩碰撞出了火花，由

此诞生了年轻人办公室的新摆件；再比如,《中国式沟通方式》这本书单链接在抖音销量达 130 多万本，但很多人甚至都不知道这本书的作者是谁。这不重要，重要的是产品经理洞察到了小镇青年初入社会的社交需求，即对高情商速成的需求。且这类书籍更容易营造应用场景，有利于内容产出。高情商的对话方式、有智慧的处事方法是每个国人刻在骨子里的强需求。这是对小镇青年的准确洞察。

如果说一位小镇青年一辈子主动买过三本书，可能的情况是：第一本是《新华字典》，第二本是《人性的弱点》，第三本是《口才三绝》。

疲于奔波的生活，忙碌的日子里还能挤出时间看书，甭管书籍质量如何，至少他们骨子里有上进心，有韧性，对未来还

有憧憬。

3）基于对媒介的理解，迎合趋势，做“内容友好型”产品的策略

截至 2023 年 8 月，抖音的八大人群体量的顺序依次为：小镇青年＞小镇中老年＞ z 世代＞都市银发＞都市蓝领＞资深中产＞新锐白领＞精致妈妈。

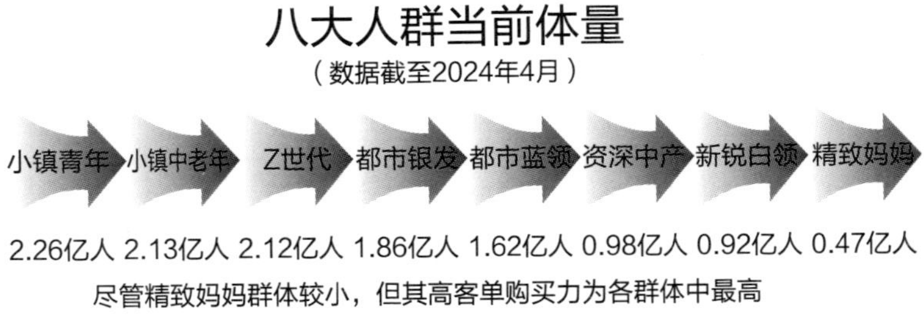

“**产品包装设计**”与“**内容呈现方式**”从来都没有低端与高端之分，所谓的高低端的区分标准是精英主义的判断法则，其建立在外企的品牌营销体系之上。而实用性的检验标准一定是用户的喜好，目标用户的喜好决定一切。

迎合平台发展趋势，基于平台的属性来做产品研发，产品的选择要倾向于“**内容友好型产品**”，**产品即内容。产品即内容最直接的呈现方式是让功能或者效果“看得见”**。珀莱雅的泡泡面膜是让脸部的脏东西看得见；希望树（Full Of Hope）

的甲醛除剂是让有害物质看得见；诗裴丝（Spēs）的干发喷雾是让油头秒变干爽看得见；鱼鳞抹布是让家庭清洁效果看得见；爆款零食是让好吃看得见……

产品即内容的另一种呈现方式是营造需求场景，贡献情绪价值。个人护理按摩产品的爆款都是用来送父母献孝心的，无关乎品牌差异，而是营造需求场景和音乐氛围来提供情绪价值；七匹狼在父亲节的爆款策略是高定价的礼盒皮带，营造送父亲礼物表孝心这一需求场景；随着暑假的到来，送孩子暑假礼物的需求又是刚需。

产品即内容的其他呈现方式是讲好品牌故事，做传播向内容。品牌故事是最经典的品牌体系构建方法，翼眠无压枕讲的是小伙励志创业，不服外国人的歧视，自强不息的国货好品牌故事；铜师傅的“手中有钳”“暴发虎”“收款马”“现金牛”等产品命名规则是命名即埋梗的广域传播……这些方法的本质都是在顺应媒介的发展，让产品表达内容，做内容友好型产品。当增长遇到瓶颈时，不要只是去“卷”素材、“卷”投放，很多时候只需改变一下产品形态，哪怕是换个包装材料，加些赠品，效果都要比无技巧的优化好百倍。

理性的洞察，要基于数据做评估，而不是空想意淫。抖音从业者的必备的数据来源有：抖查查、有米云、巨量创意、巨量算数等。

数据是辅助决策的重要参考，数据输入足够多，决策准确性才有保障。

3. 选对流量渠道

那些月销千万元的直播间，做对的第三件事就是“选对了流量渠道”。

细数品牌直播间的流量渠道，从大盘视角来看，短视频付费流量已经逐渐成为主流，之前的“以运营为主导”的直播间，已经逐步演化成“以编导为核心”的直播间。

运营者必须具备内容判断能力，分析流量渠道，把预算花在刀刃上。

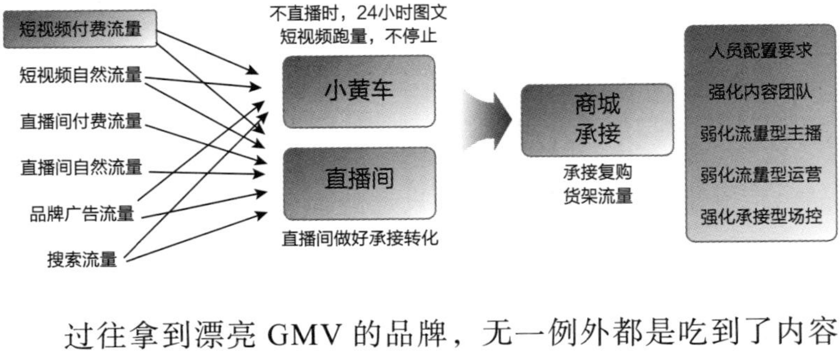

过往拿到漂亮 GMV 的品牌，无一例外都是吃到了内容场流量，尤其是一些没有听说过的新锐品牌，千川玩法和短视频玩法都炉火纯青。对于品牌而言，短视频内容能力是抖

音自播起量的核心，非一线品牌 90% 以上的直播间靠直投都稳不住投入产出比，原因有三个：一是所谓的运营套路已经不适合当下阶段，只能骗用户停留和在线，虚假繁荣转化不了成交；二是对主播的综合能力要求极高，投入产出比因人的因素而波动，无法稳定；三是品牌的知名度不足以让用户做到 5 秒停留 20 秒转化，转化效率极低。90% 的品牌自播失败的直接原因是流量渠道选择不对，以及打法策略有问题。不要再被操盘手割韭菜，少理会一些奇技淫巧。要去抓住本质不变的东西——“产品”+“内容”。

“内容能力”已经是抖音能否顺利起量的默认核心，而下半年的另一个主战场是“货架场”流量，也就是搜索流量和泛商城流量，要将全域电商的渗透率提高，以此来解决大家诟病的复购问题和长效经营问题。留给新入场品牌的时间不多了，一旦货架场流量成熟，就可以计算出单个用户的 LTV 值和商场流量占比，届时前端的竞价广告又会出现新一轮的激烈竞争，难上加难，内容又会陷入另一种“内卷”！

所以，补齐内容短板，做好内容团队建设，来应对接下来的“内卷”，才能实现“品效起量，超级增长”。

在抖音做电商，产品即内容。

很多视频爆量，不是因为内容做得有多好，而是因为

"产品即内容"，让产品自己说话，产品的形态优势、使用特点、品类创新都是内容表达的加分项，多数时候我们解决问题通常是治标不治本，内容优势当然可以弥补产品的缺陷和空白，但是内容的长板优势发挥也一定会被产品的短板束缚。

内容不是万能的，我们不能为了安慰自己而刻意地放大幸存者偏差，内容的优势发挥一定是建立在产品的优势之上的，不然你只会看到高 CTR（点击率）、低 CVR（转化率），但最后的 ECPM 依旧拉胯。内容与货盘相辅相成，效应叠加。

一项短板必须由另一项长板补齐，双向长板属于王炸爆款，单项长板属于畅销款，剩下的就看短板是否会拖长板的后腿了，两个板加起来能跑赢大盘，就有利润。

短期来看，品类优势大于品牌优势。当一个新的微创新产品，因产品形态或者卡位的准确，暂时性占领市场，且对应的卡位或者品类没有已经占领了消费者心智的品牌时，即意味着红利出现。而对于常规产品而言，品牌优势碾压内容优势，并碾压各类表现形式。我们经常误把"品类红利"当作"品牌红利"，将爆品红利遐想为品牌实力。

醒一醒，消费者压根就不在乎你是什么品牌，只不过你凑巧出现在他的面前了而已，是多次的效果广告投放触达引发的尝试性转化。**始于爆品，终于品牌**。

当品类红利消失后，消费者基本上记不住你是谁，单一爆品式的打法借不了品牌的外衣，终究会面临断崖式下跌。

繁荣璀璨只是一瞬，转眼便会消失。**某一渠道的高速发展会让我们产生“捷径错觉”，激情的创业者总会无意识地放大幸存者偏差，以此来给自己一针强心剂。**

但是浪潮退去后，终归要踏踏实实、一步一个脚印地去走品牌必经的每一步。务实当然重要，艰难环境下把钱花在刀刃上更重要，品牌广告与效果广告，没有对错，只有是否适合。

解决好根本问题和基建问题后，其实压根就不需要担心流量问题，抖音本身就是个广告平台，广告平台的逻辑就是贩卖流量，你只管把内容（素材）做好，没有流量找千川要、找小店随心推要、找 DOU+ 要，流量变现的生意就不会遇到流量窘境问题。

流量的获取并不难，任何平台的运营套路和玩法规则短期来看或许是个小门槛，但是长期来看，玩法和套路一定不是牵制的关键。流量的获取也并不复杂，该花钱的花钱，该付费的付费，算好 ROI，最大限度上对齐大盘即可。

“今天的流量一定比明天贵。”只要平台还在成长期，这句话就一直适用，而迄今为止抖音依旧是流量最便宜的地方，要抓紧赶上流量的末班车。

选择认清现实，趁红利先活下去再补捷径犯下的错，还是选择踏踏实实、一步一个脚印地稳步发展，每个品牌都有自己的选择。**品效并非对立，品效可以合一。**

5.3 不要无效种草，停下来好好思考

1. 创新的本质是非共识

太多时候我们只顾着赶路，而忘记为什么要赶路。因为前辈们就是这么干的，因为同行们就是这么干的，所以我们也要这么干，这是懒惰思维的惯性认知。所谓的行业方法论已经成为束缚创新和限制发展的挡箭牌，大家不是按图索骥就是循规蹈矩，所有的成功都有前提条件和大背景，忽略前提条件的分析全都是自我意淫。因为我们太容易陷入结果导向论，只要是成功的案例，怎么分析怎么对，荒谬的论证套在一个成功案例上都显得无比正确，“条条大路通罗马”这句话在成功案例分析上，显得格外契合。

正是因为所谓的成功案例，让部分商家迷惑，循规蹈矩地浪费预算，把钱花在了刀把上，80% 的团队浪费掉了 90% 的种草预算。请停止无效种草，停下来好好思考。

2. 为什么要种草

我们把种草目的分为以下七种。A. 产品的决策成本高；B. 产品需要长周期转化；C. 借力达人做人群破圈；D. 借力达人增强信任背书；E. 提高营销渗透率；F. 提供低 CPM 的爆款内容；G. 提供高消耗跑量素材。

我们先从 A 和 B 梳理，判断自己的产品是不是高决策成本的产品，是不是需要长周期转化。

1）A+B 组合

符合 A+B 组合的产品，找达人的目的是利用达人人设，借达人之口向粉丝推荐，降低用户的决策成本，把用户从 O 人群，过滤到 A2/A3 人群，然后官方再用效果广告反复触达，完成 A4 人群的转化，种草形成闭环，最后完成收割。

这是行业内默认的正确玩法，但是市面上充斥着两种声音：**一种是 A3 有用论，另一种是 A3 无用论**。认为 A3 有用论的人多聚焦于美妆、护肤类目，少数其他类目，产品的统一特点是决策成本高，需要长周期转化，自营内容收割效率低。A3 无用论的人多聚焦于大快消类目。怎么判断自己的 A3 有没有效？在巨量云图后台看一下人群的流转率，分别查看从 O/A1/A2/A3 流转到 A4 的人群比例是多少，流转效率如何。

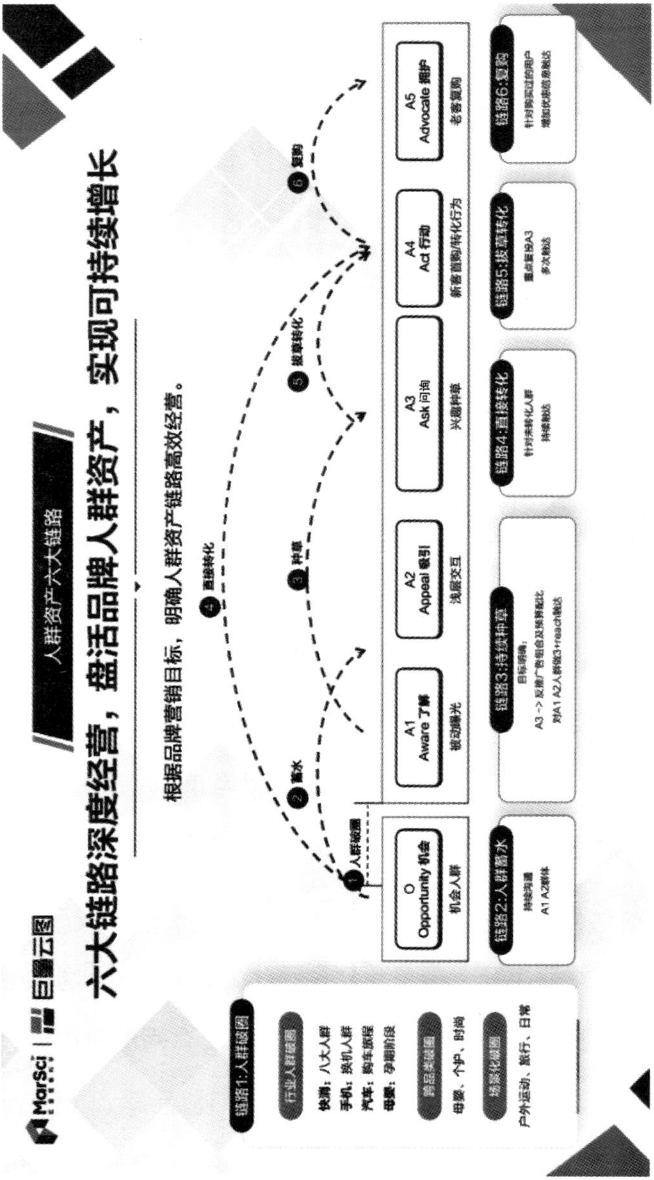
MarSci | 巨量云图
人群资产六大链路
六大链路深度经营，盘活品牌人群资产，实现可持续增长
根据品牌营销目标，明确人群资产链路高效经营。
链路1:人群破圈
行业人群破圈
快消：八大人群
手机：换机人群
汽车：购车旅程
母婴：孕期阶段
跨品类破圈
母婴、个护、时尚
场景化破圈
户外运动、旅行、日常
1 人群破圈
2 蓄水
3 种草
4 直接转化
5 拔草转化
6 复购
O Opportunity 机会
机会人群
A1 Aware 了解
被动曝光
A2 Appeal 吸引
浅层交互
A3 Ask 问询
兴趣种草
A4 Act 行动
新客首购/转化行为
A5 Advocate 拥护
老客复购
链路2:人群蓄水
持续沟通 A1 A2群体
链路3:持续种草
目标明确：
A3 -> 反推广告组合及预算配比
对A1 A2人群做3+reach触达
链路4:直接转化
针对未转化人群 持续触达
链路5:拔草转化
重点复投A3 多次触达
链路6:复购
针对购买过的用户 增加优惠信息触达

而多数靠千川素材投放驱动的人则普遍反馈，O 人群流转到 A4 人群的比例大于 A3 人群流转到 A4 人群的比例。这表明，把用户蓄水到 A3 人群的大费周折还不如直接收割的效率高，也就是种草即转化的内容反而更高效。

专家们可能会说 A3 流转到 A4 的人群的收割效率低是因为种草种得不对。对不对也得看类目，有没有一种可能，你的类目用这套方法本身就是个错误，这种打法压根就不应该出现在你身上。

我们举个例子，一个客单价 100 元以内的商品，把用户从 O 人群转到 A1 人群，再从 A1 人群转到 A2 人群，再从 A2 人群转到 A3 人群，然后开始收割，这不是多此一举吗？**低决策成本，短周期即可转化的商品，不需要蓄力自己的 A3 人群，应该是种草即转化，曝光即收割。**

2）C+E 组合

如果不是 A 或 B，那么就要考虑借力达人做人群破圈，就要和 E 联动。即便种草预算完全浪费掉，对品牌宣传有没有效？答案是有效的。**在抖音中所有的营销动作，还有一个潜在目的是“提高营销渗透率”。以千川为代表的竞价广告人群的精准度是以营销渗透率为代价的。**

投放营销的工具不同，人群的触点则不同。没有千川购买习惯的用户，可能一周都刷不到几条千川广告，触达这拨人群的方式可能是开屏广告、达人专场、Feeds Live、挑战赛，亦或是海量 UGC。借力达人做人群破圈的目的也是如此，触达往期投放触达不到的人群，提高营销渗透率，辅助千川竞价广告可以跑得更好，**让系统算法推荐可以探索到更多目标用户种子人群。**

3）D+G 组合

借达人增强信任背书的有效使用方式，就是借达人的脸来跑信息流，进行高效收割，因为有达人的信任背书，所以转化率会不一样。我在前文里提到过，在抖音要用竞价的思维做内容。增强信任背书的核心目的是提高转化率，拉升 CVR 值，从而在同样点击率的情况下，拉高 ECPM 排名，提升消耗量级。

但是要判断，同样的预算下，达人的信任背书更有效，还是同样预算下的二线明星短期代言更有效？答案是大概率二线明星的短期代言更有效。90% 的达人不具备充当信任背书、拉升转化率的能力，少数垂类达人具备转化信任背书的能力，但是覆盖人群太窄，并不具备投放放大的可能性。另外，提供高消耗跑量素材的逻辑是最自洽的，优质的内容不仅仅是种草，一定也可以兼顾转化，无非是优惠活动和下单契机的匹配。

大家为什么不找疯狂小杨哥种草？说白了，如果可以即时转化，谁不想直接转化，种草只是不能即时转化的妥协而已。

4）提供更低 CPM 的爆款内容

达人不等同于明星，抖音达人的第一选号标准一定是“内容能力”。所有抖音玩家都明白，只有内容好才能打开抖音的潘多拉魔盒，引发流量的连锁反应。要么产出优质的内容，要么同预算下可以获得更多的曝光，更低的 CPM，即成为优质内容生产者或做到流量便宜化。

最后，搞清楚自己为什么要种草，以及种草要达到什么样的目的。要回归第一性原理，即种草分清目的，基于目的选达人、找方向。

抖音所有品牌广告预算投入的目的，要么是提高营销渗透率，要么是提高转化率；竞价广告投放的消耗量级取决于营销渗透率的高低。营销渗透率越高，越有助于系统探索到更多目标价值人群。所谓的人群资产其实都是符合算法语境的目标价值人群。

我们看过太多新锐产品不种草一样也可以疯狂收割，成功原因是类目的选择和产品功效的选择。用户认可的并不是品牌，而是这个产品可以解决他们的问题，而要解决这个问题的人群有多大，则代表了这个产品的目标价值人群就有多大。不要神话种草，也不要唾弃种草，而要回归第一性原理，弄清你的产品究竟符合哪种消费逻辑，一切回归市场本身，回归营销本身。所有的投放工具都只是工具而已，没什么玄学。所有营销案例的成功不是工具选择的成功，而是驾驭工具的思路和策略的成功。

3. 没有绝对正确，只有相对靠谱

科特勒的 5A 模型是理想模型的结果，抖音是基于用户互动行为的规定，确定指标，当用户完成了这些互动指标后则自然成为我们的 5A 人群资产。

也就是说，所有的规定都是玩家制定的理想化结果，基本思路没有问题，但是数据后衡量的结果有效性有待商榷。不要做原“教旨主义信徒”，请对理论保持质疑。**因为抖音是闭环电商的内容平台，用户会有“爱屋及乌”的伪装。**

举个例子，我看完了痞幼的某期星图商单视频，根据巨量云图关于 A3 人群的规则定义，我符合规则标准，应被归属到该品牌的 A3 人群，但实际上我连这个品牌名都没有记住，因为吸引我的是痞幼的内容，我对她推荐的品牌并不感兴趣，更不是该品牌的 A3 人群。**因为内容变量的存在，所以人群资产的纯粹度会大打折扣。**

数据源	具体行为
常规广告、内容营销	广告曝光≥21次且满足观看广告5秒以上≥2次）或（广告播放时长>1分钟且满足≥2次）或（广告点击≥2次）或（广告落地页停留>1分钟）或（广告点赞次数≥2次）、（广告评论次数≥1次）、（广告分享次数≥1次）
自然内容	（品牌相关内容阅读次数≥21次且满足≥1次完播）或（品牌相关内容阅读时长≥20分钟且满足≥1次完播）或（品牌相关内容分享）或（品牌相关内容评论）
搜索	（品牌相关内容搜索次数≥1次）
星图达人直播	（进入直播间次数≥11次）或（直播观看时长>10分钟）或（直播评论次数≥1次）或（直播送礼物≥1次）或（直播点赞≥1次）或（直播关注主播≥1次）
抖音闭环电商	店铺潜客：罗盘店铺潜客 商品行为：（商品点击≥1次）或（商品加购≥1次）或（讲解卡点击≥1次）或（详情页点击立购≥1次）
星图视频	[星图视频观看时长>2分钟且满足（有效完播≥1次或组件曝光5秒以上≥2次）]或[星图视频观看频次≥21次且满足（有效完播≥1次或组件曝光5秒以上≥2次）]或（星图分享≥1次）或（星图评论≥1次）或（星图点赞≥2次）或（星图组件点击≥1次）
官方账号	主页：（主页访问次数≥5次）或（商品橱窗点击）或（私信） 直播：（进入直播间次数>5次）或（直播观看时长>5分钟）或（关注主播）或（直播评论）或（直播间送礼物） 短视频：（内容观看次数>20次且满足≥1次完播）
全民任务	看播任务：（看播任务完成次数≥6次）或（看播任务新增关注）

（巨量云图关于 A3 人群的规则定义）

况且，人群资产快消品周期只有 15 天，耐消品周期也仅有 30 天，人群并非一直跟随你。科特勒的 5A 模型本身就是理想型结果，抖音的 5A 又受内容变量的影响，而实际情况要复杂得多。即便是科特勒的 5A 模型又可分为以下几种，所以理论仅作参考，不可死板对应。

务实品牌必须保持理智，人群资产仅是定义，在你的温饱问题都没解决前，人群数据资产和不能转化的在线人数一样，都是泡沫，是虚假的繁荣。所有理论和打法，没有绝对的正确，只有相对的靠谱。

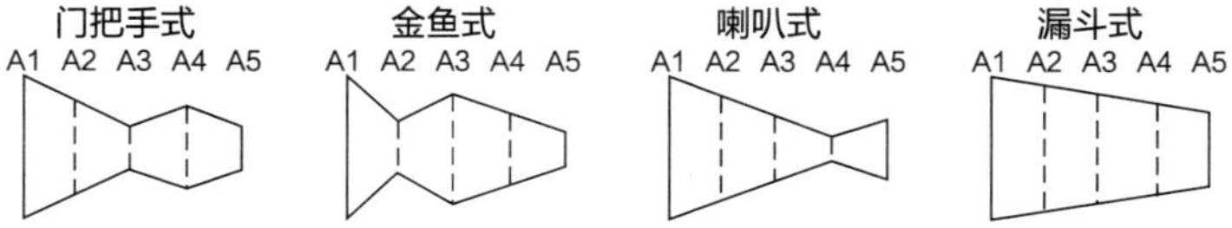

	门把手式	金鱼式	喇叭式	漏斗式
客户行为	· 客户有期望和偏好 · 品牌亲和度不够	· 购买前的考虑时间较长 · 多人参与	· 客户高度参与购买决策 · 十分相信品牌质量	· 购买行为通常是有计划的 · 相比于品牌宣传更相信亲身体验
产业特征	· 积极进行营销互动 · 竞争者众多	· 商业化程度高 · 竞争品牌间特点相似	· 质量得到认征 · 口碑影响很强	· 产品优劣对比明显 · 产品的用户体验较重要

（科特勒 5A 模型不同转化方式）

擂台赛上，在绝对的力量面前，任何招式和进攻技巧都是螳臂当车，花拳绣腿。**营销也是一样，在充足的预算下，所有的技巧和策略都是花拳绣腿，饱和式投放无需技巧和策略。**预算充沛，不需要考虑哪个达人更好，直接拉满通投，全铺全砸全买断，主打一个暴雨式营销，歇斯底里地种草，就是一个豪气。但是在有限的预算下，想把钱花在刀刃上，就必须考虑价值和产出，需要“急功近利”，需要“结果指标”。

心智策略很重要，内容策略很重要，目的策略也很重要。如果上半场抖音品牌营销靠的是流量洼地和平台红利，那么下半场才是品牌营销大展拳脚的阵地。**策略先于执行，抖音电商已经进入内容策略和精细化运营时代。**

5.4　变革效果广告，实现品效协同

1. 效果广告的重新定义

随着媒介和平台的变化，效果广告的定义早已发生翻天覆地的改变，尤其是千川推荐规则的修改增加了内容属性权重后，更不适合用“传统效果广告”的逻辑来衡量定义这个抖音电商生态投放工具了。

随着平台商业化程度的提高，新生态的效果投放触达的用户是内容流量池与广告流量池的合集。所以说，我们能明显感知近期的跑量视频好像和传统信息流玩家对素材的理解相悖。其肉眼可见的质量提高，甚至让我们分不清它是内容型素材还是带货型素材，直到商品卡片弹出，才意识到这是广告投放。

千川短视频的魅力在于，你手里有什么样的猎枪就能打什么样的猎物。

你自身素材很差，那么只能用这些素材维持消耗；

你自身素材优秀，高品质、高质感一样可以有大消耗。

不是高质感不跑量，而是不同媒介有不同媒介的语法，内容载体的改变需要内容从业者按照新载体的语言做内容。

用竞价的思维做内容，才会符合千川内容的语言体系。

素材即定向，什么样的素材吸引什么样的用户，什么样的品牌用什么样的素材。

传统的组织框架里，效果广告约等于纯信息流收割素材，由销售部负责，对结果负责，对 ROI 负责；品牌向的内容产出由品牌部负责，负责调性保持，市场宣发，仅看传播不看效果。

新的投放工具的诞生打破了部门间的壁垒，而现实情况是销售部与品牌部间依旧存在高墙，导致组织能力的不聚焦。搞销售的整天去研究内容，而又没有内容预算，只能投机取巧、另辟蹊径，以短期的收割和拉高 ROI 为第一目标做收割拔草。

同时，品牌部的预算又无法挪到销售部的内容生产上，明知道有种做法可以最大程度上完成团队内部闭环，但是因为数据考核中曝光指标、CPM 指标的不符合要求，又不得不去做那些看起来光鲜亮丽，实则无法为闭环添彩的已知性浪费。

品牌千川短视频简单来看，就是个信息流水平；深层次来看，优秀的跑量短视频，单条效果广告在控 ROI 的情况下效果能过百万次跑量，难度怎能亚于一次完整的创意提案？

千川爆款素材的背后是深刻的对市场洞察、用户感知、媒介语言属性的理解，再加上效果广告的约束，使 ROI 成了内容的照妖镜。

效果广告的本质是回归营销本身，不为是了吸引眼球的语不惊人死不休，也不是花里胡哨的“自嗨”型文案孤芳自赏，是踏踏实实的信息位洞察、痛点剖析、可视化表达、兴趣激发，并且用“抖音的语言”进行表达。

对使用“抖音的语言”或用“千川的语言”进行表达的忽视，是传统广告人抗拒新平台的自我逃避和对平台研究不彻底的体现。是不愿丢掉的裹脚布，是不愿脱下的孔乙己长衫。其本质是不愿意用竞价思维把感性的内容创意转为理性的数据呈现，当对内容的要求从“CPM”考核变为“ROI”衡量时，谁在裸泳就变得清楚可见了。

2. 内容人才的缺失，畸形状态

在多 SKU（Stock Keeping Unit，库存单位）的散网式销售遇见如今的爆品驱动销售后，品牌被打得措手不及。强品牌可以搞组合，搞多 SKU，而除此之外的绝大数品牌都是单一爆品占比单月 80% 以上的销售额的。

并不是所有的产品都适合抖音，甚至需要为了渠道而改变形态，和多年前传统渠道为电商渠道改变设计和包装是一个道理。

回归本质，抖音电商权重关系为：产品＞形式＞画面＞

文案。

要看产品是否为“内容友好型”，即是否更易服务于内容产出，哪怕换个设计，换个包材效果都会不一样。多数时候我们解决问题的短路思考通常是治标不治本，**内容优势当然可以弥补产品的缺陷，但是内容的长板优势发挥也一定会被产品的短板束缚。**

内容与货盘相辅相成，叠加才会有效应。

经过两年的教育和市场培训，千川投手岗位市场已很足够，但是千川编导或者千川内容运营岗位即便在杭州也很难招到拔尖者。行业解决方案多半是用“编导”岗位或者“信息流编导”岗位来替代，如果内容创作者都不了解投放工具，不了解竞价广告原理，不能基于投放数据做迭代和复盘，那么只能是凭运气撞爆款，或者是以数量博概率，效率极低。

低不成，高不就。

这里的“就”是就业的就，上面提到，从浅层看，千川短视频就是信息流；往深层看，千川短视频则不亚于一次创意提案。而真正的广告体系营销人又看不起千川，效果广告一直处于内容营销鄙视链的最底端。一方面是他们无法放下自身姿态去做如此接地气的事，这事并不优雅也不高级，过往的品牌理论体系又变得毫无用处，这里是更快速的数据反馈，直接告诉你究竟行还是不行。

另一方面是上层对市场的不认知，无法用高薪来吸引对应人才的进入。明明是同样的工作量且更为结果负责，不能只是因为它叫“千川”就用低报酬、低预算来区别对待。**现有人才体系的缺失，需要关键岗位来带团队拿战绩，品牌抖音负责人的认知决定了抖音渠道的成败。**

5.5　破除竞价内卷的五个思路

抖音流量越来越贵，获客成本越来越高，已经成为共识。尤其商品卡流量来了以后，大家能明显感到千川投放的获客成本越来越高，出价也越来越高。这是因为大盘收紧，流量不够用，用户贡献增速低于商家需求增速。

平台商业化的终极目标一定是无限地提高单个流量价值，越来越贵是必然趋势。只要流量有人买单，逆大盘的高 ROI 消耗要么只是一时，要么只是偶然。不要被夸大幸存者偏差的言论迷惑，任何形式的高 ROI 一定是以大消耗为前提的。

抖音的投放已经没有任何红利可言，现在正加速进入新一轮的内卷。

过往之所以有流量红利存在，是因为有些高净值用户还没被打上标签，存在用户价值洼地。大量的投放把用户洗透，贴完标签以后，高净值用户一定匹配更高的出价。

效果广告的终局一定是回归大盘，前端 ROI 难有利润。

那么，面临越来越卷的现状，这里提供几个破除内卷的新思路，可早一步调整以应对未来长期的趋势变化。

1. 强化内容团队，以真内容为导向的流量争抢

当我们提到千川内容团队的建设时，第一个想到的就是“模仿”。现阶段即便是头部客户，也逃不过模仿与被模仿的宿命。类目的头部客户，为了维持消耗，只能无限地创造爆款模板。

一旦起量有效，所有竞争对手都会模仿，抢量难度会急剧增加，爆款模板使用的人越多，衰退期就来得越快。头部客户生产的爆款模板成了整个行业的生态贡献，头部客户的努力付出，间接养活了整个类目，你是头部客户就逃不过被模仿的命运。

强化内容团队的逻辑是补齐原创能力，完善团队原创基建，以应对后续的情况转变。

现阶段模仿爆款模板，一定是短时间快速拿到结果的有效方法，但是这个生态并不健康。现阶段大家还是把千川广告理

解为流量型生意，流量型生意无关乎内容，模不模仿无所谓。但是一旦上升到内容创作方面，模仿就会变得可耻，然后就会受到抵制。

如果千川后续的审核加上“原创度”审核维度，没有原创力的团队会被直接腰斩。

而且千川调整的下一步，一定是规范内容原创度，保护内容生态的价值贡献者，保护头部客户，这是基本的发展规律。内容团队的强化是为了应对后续的变化，既然叫内容团队，其核心竞争力就不能只是模仿。**“具备原创能力”是内容团队接下来面对平台规则调整必须具备的重要能力，流量型生意拼执行力，内容型生意拼创作力。**

2. 重视中心场，货架流量溢出补齐利润

和几个行业头部客户聊天时，他们的统一反馈是，中心场流量也就是货架电商流量商品卡成交占比高达 25%，即便是尾部客户也能占到 15% 左右。这部分流量是内容场付费经营的溢出，以商品卡流量为主导的货架电商一定要重视，前端的竞价大家可能都没有利润，这部分的溢出反而补齐了前端利润。

还是那句老话，**内容场负责增长，中心场负责提效。一旦可以计算出内容场的投入给中心场带来的利润价值，那么前端**

的竞价广告会变得更加凶猛激烈。

比如 A 品牌，本来 ROI 1.5 就可以打正，那么可以明确地知道有 25% 的商品卡流量，所以前端的 ROI 投放要求可以更低。这就类似很多品牌投 UD 跳转天猫的逻辑，即便 ROI 产出亏钱，但是这拨投放可以拉升淘宝单个链接的搜索权重，能带来很好的长尾效应。有了货架电商的长尾流量，就给了大家前端继续“亏钱”的理由，越来越卷。

所以一旦规则可计算，那么前端的竞价会变得更加激烈。今年要特别重视中心场流量，重视商品卡流量，重视中心场的运营完善。这部分产出就是你对抗竞品高出价的底气和资本，是前端竞价抢量的最有效方式。

3. 延伸内容边界，拓宽内容类型

黑牛有句经典总结：“凡是抖音的超级爆款，不管类型是个人还是带货，要么创造了新的表现形式，要么填补了抖音的内容空白。”

现阶段去填补抖音的内容空白难度实在太大，用带货类内容几乎不太可能，但是借用新的表现形式的话，这件事可以变得很简单。抖音娱乐向的内容每天都有新热点，每周都有新热梗，每月都有新形式，而娱乐向内容制作水平又远大于带货向

内容。去尝试新的表现形式，比你一天到晚总拍“口播”的效果好很多。

要拓宽内容边界，尝试更多类型，打开内容视野，不要被一种类型束缚。

在当下竞价破内卷的阶段，KOL 的另一种用法应该是贡献新的内容方向价值。毕竟 KOL 最贵的应该是内容产出本身，而不是单纯以 CPM 计算的流量。配合度低共创度差的达人可直接排除掉，以减少可预见的资源浪费。

现阶段 KOC 的打法主要是复制品牌方提供的爆款模板，而品牌方则在薅 KOC 的自然量。在竞价破内卷的阶段，KOC 的另一种打法逻辑是去拓宽内容的边界，去尝试团队没有尝试过的内容和套路，去触达团队没有尝试过的人群。

在 KOC 内容产出中，找到下一个潜力模板或者潜力目标人群，并输出给自己的内容团队，重点加工、重点拍摄，延伸内容的边界。本质还是借力外部渠道，打开内容视野，突破当下瓶颈，培育未来的潜力爆款。

解决温饱的策略是借 KOC 薅自然流量，解决发展的策略是借 KOC 测试各类爆款模板和拓宽新人群，为内部团队输入源源不断的创意。

4. 借力 TA 人群，差异化竞争破内卷

对于效果广告而言，明星代言的价值一方面是提供信任背书，另一方面是在借力明星的 A3 人群拉升转化。你的品牌用户可能不知道，但是明星的脸用户一定知道。

消费市场的本质“转化”规则
生意规模即GMV=流量×客单价×复购率×转化率

转化率 取决于品牌知名度，即品牌影响力决定转化率的高低

客单价 取决于品牌势能所带来的溢价能力

复购率 取决于产品体验，品牌粘性和激发兴趣的频率

但是如果你的预算没有那么充足，就要挖掘一些还没有被开发出来的“小明星价值洼地”。比如很多白牌都在用各类运动员冠军，在中产眼里这可能很“水”，但是在下沉市场中的用户眼中，这就是很强的信任背书，因为运动员冠军在他们眼里就约等于国家队。**去挖掘类似的潜在价值明星艺人，寻找价值洼地拉升内容穿透力。**

再举个例子，2023 年的白牌美妆大量用了一些非一线演员，但是效果很好。在下沉市场中的用户眼里，乡村爱情里的谢广坤不比年轻人眼中的当红明星识别度低，要根据目标用户人群去选定 TA 人群。**价格悬殊不代表价值有大差异，应去寻找类似的高价值洼地。**

“渣渣辉”就是被游戏类素材测试出来的高价值低价格超级转化代言人，不看数据结果都会以为不如头部明星大咖好，实际情况是传奇这拨用户就认渣渣辉，是典型的高价值流量洼地。价值洼地不仅仅存在于明星身上，还存在于一些虚拟 IP 中。国内的很多优秀虚拟 IP 还没有被挖掘，比如武林外传、神厨小福贵、中华小当家、黑猫警长、麦兜、阿衰等。虚拟 IP 的价格低，大可以找到与自己类目相匹配的 IP 联营，借力 IP 的 A3 人群，突破现有的困局瓶颈。

5. 轻人设树立，拉高长周期转化

新锐的痛点在于品牌的树立，而用户更容易相信一个人。如果是白牌转型期，或者想突破现阶段的内卷，可以采用轻人设的逻辑。轻人设的方向有两种，一种是品牌主理人的形象，另一种是自营达人；借自营达人之口夸品牌优秀，比自营号的自卖自夸效果要好得多。自播账号的内容是“王婆卖瓜，自卖自夸”，存在距离感；而自营小达人号更真实贴切，并且轻人设可以拉高长周期转化。

抖音越来越卷，流量越来越贵，不变的东西也只有“内容 + 货盘”了，内容团队的组建是所有团队都必须要跨过的门槛，好产品是任何生意可持续下去的基建。

流量精准度以市场渗透率为代价，流量时效性则是以品牌自主权为代价。抓住不变的本质，应对内卷的当下，抬头看天，低头赶路，共勉。

5.6 悄悄向淘宝宣战，抖音电商迎来新的转折点

时代的洪流来得迅猛且凶残，迅猛是因为它可以让刚踏入社会的年轻人靠踩中风口，借趋势完成原始资本积累和阶级跃迁；凶残是因为它也可以无情地淹没那些固步自封、不愿改变的老顽固，让保守成为代价和遗憾。

抖音的用户基数足够庞大，但是还有相当一部分浅层用户没有在抖音购买过东西，这部分只看不买的用户，就是下一步抖音电商用户的增量的核心来源。

如果想让这些未下单的用户产生消费冲动，就不能用以往“兴趣电商”的选品策略，这拨用户的消费能力一般，决策谨慎度高，他们更倾向低决策成本、低客单价的生活刚需品。

他们需要**“物美价廉”**的**“优价好货”**，而搞定优价好货的核心是搞定产业带的供应链，从 2023 年 Q1 季度开始，抖音电商部分核心销售被下放到产业带商家，扶持产业带商家在抖

音的发展。

只有拿下遍布全国各地的产业带商家，扶持起商城流量，让快消品低投流占比、低毛利也可以跑出大销量，让货架模式在抖音电商开花，才有可能把淘系商家留存的电商用户吸纳到抖音，彻底改变他们的网购习惯。

抖音已经悄悄向淘宝宣战，抖音电商即将迎来新的转折点。

1. 商城流量有金矿

如果说兴趣电商人群是抖音教育出的增量人群，那么抖音下一步的动作就是抢传统电商的存量人群。

兴趣电商的主流打法模式是依托于“广告投放”，广告投放费用占比过高，只有足够高的毛利润才能支持以竞价广告为主的打法模式。

千川单品的打法更是如此，甚至行业中有个潜规则：毛利率低于 60% 不适合做抖音，因为你的毛利率不足以支撑你做广告投放。

久而久之，消费者心里就形成了一个“潜意识”：在抖音被种草，就去拼多多或者淘宝找同款，因为抖音强投放，一定有高溢价的广告费，这样可以避免被收割。随着品牌自播的崛起，品牌直播间的货盘与传统电商平台价格基本一致，甚至有些货盘在区分、比价以后，感觉抖音品牌直播间的货更便宜，消费者的心智在慢慢扭转。消费者对抖音的认知渐渐从“在抖音被种草去其他平台下单”，转变成现在的“抖音品牌直播间的东西价格还行，白牌还是比其他平台贵”。

显然，中间的差值还是“白牌”商家，平台需要有人去做低客单价的大快消刚需品。所以，“白牌”的定义不是单纯的投放型白牌，而是有强供应链优势，主打优价好物的强品类产业带商家，不需要靠强付费投流，走优价多销的模式吃到抖音商城流量扶持，也可以拿到大结果。

4P 经典营销理论依旧适用于当下——产品（Product）、价格（Price）、推广（Promotion）、渠道（Place）。

基于渠道定产品，从而确定推广方式，基于推广方式的毛利率要求定价格，因地制宜。

产业带商家不应该东施效颦般模仿二类电商打法做高溢价投流，而是应该因地制宜，紧跟平台发展趋势，从健康的商业模式中找到适合自身的优势长期发展。

没有必要去做高溢价，搞强投放，而是应该踏踏实实把货做好，做好抖音商城运营，吃透抖音商品卡流量，拥抱抖音的货架电商动销长尾流量。

所以，抖音货架电商模式发展下的商品卡流量一定有机会，尤其是对于产业商家和传统淘系运营商家而言更是大机会。

抖音的低价终极形态一定不是“拼多多属性”的低价，应该是“小米属性”的超值性价比，但是发展的前期为了增速，一定会采用“拼多多属性”的低价模式，平台要的是拉新的增速。

传统电商平台的纯货架电商运营玩法会在抖音重新焕发第二春。

2. 大趋势，不可逆

消费市场寒冬凛冽，不仅仅估值冷、市值冷、营收冷，利润还冷。拼多多的 2023 年 Q1 季度财报业绩向好，并不代表消费迅速复苏或是电商重回增长，反而折射出消费正在迅速降级的事实。

一个例证是，同为电商股的阿里巴巴、京东都过起了苦日子。阿里巴巴和京东的营收同比都只增长了个位数——前者仅为 2%，后者甚至下滑到 1.37%。更糟糕的是，阿里的核心电商业务收入同比减少了 3%，而京东的自营业务也降低了 4.3%。

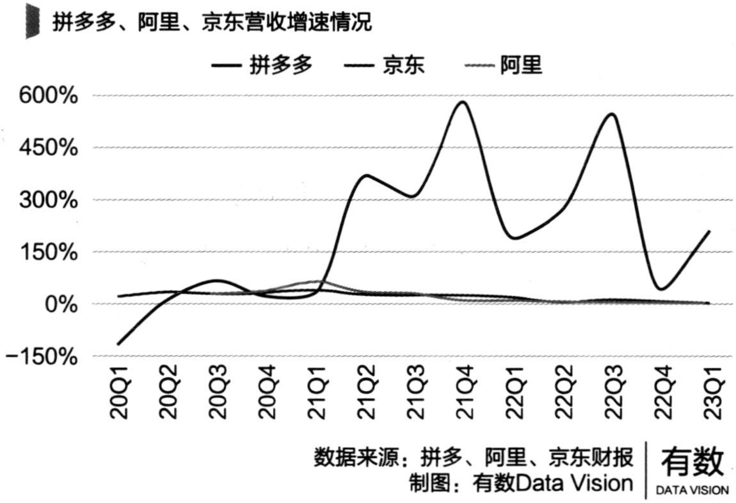

借用有数 DataVision 的观点："拼多多的增长并不是消费者开始给家里添置新物件了，而是原来在别的平台花 100 元买的东西，如今到拼多多上找平替去了。"

从《德勤中国消费品和零售行业纵览 2023》报告中，我们能看到消费者的主流消费观念的变化。"消费者越来越务实和理性，他们在自身的真实需求的基础上，基于全面的探究和比较做出购买决策，减少冲动消费。"

消费开始实实在在地朝着性价比去了，电商平台的战略都是低价，小红书的大盘和赛道分析，只要具体到品类维度，搜索关联度最高的品牌词都与"平替""平价""性价比"等关键词挂钩，且极其靠前。

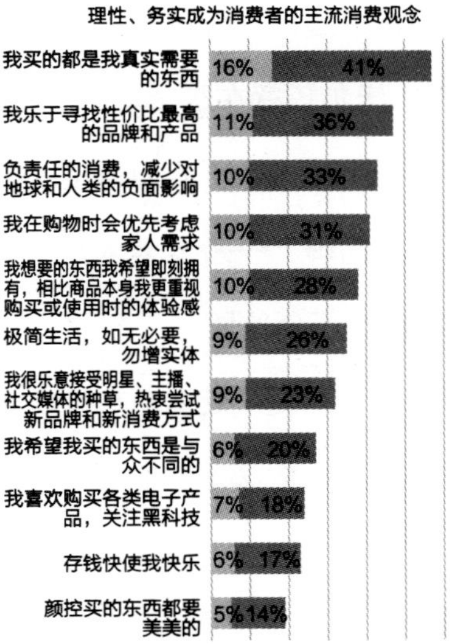

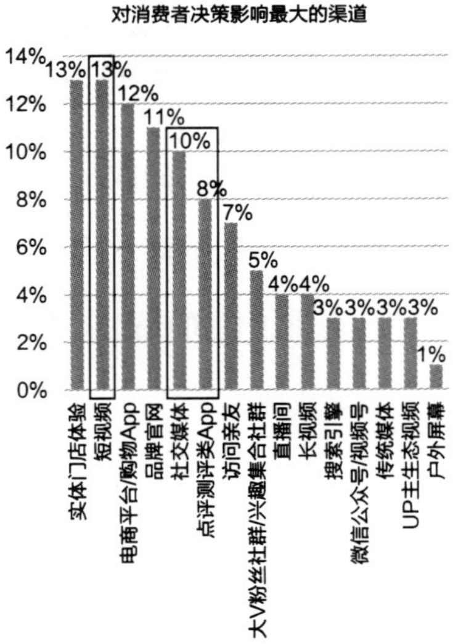

数据来源：《2023中国消费者洞察和市场展望》

大趋势不可逆，老百姓的口袋中平均可支出金额确确实实在减少。

之前流传一个段子“支持国货崛起，但不支持国货抢钱”，也是同样的道理：我们支持新消费，但不支持打着新消费的名义做溢价收割。

凭什么你的设计好看那么一点点，找个工厂 OEM（原始设备制造商）做代工，就要贵很多？凭什么你说自己是品牌就要有品牌溢价？你顶多算是商标明显一点而已。

“起势靠流量，但成败还得靠供应链。”1958 年美国经济危机，商品滞销，库存增长，失业率上升 7.5%，在这样的背景下，一家平价百货商场出现，它就是以超高性价比和无销售服务模式取胜的沃尔玛，仅10年后，沃尔玛就在纽交所上市了。法国是世界奢侈品的故乡，在这样的市场环境下依旧诞生了一家“只做入门级的高性价比运动产品品牌”——迪卡侬，从某种程度而言，性价比是全球的通行证，不分地域。

正如沈帅波所言：“所有的变化本质上是一股酝酿已久的势能，凡是在危机中逆势而起的品牌，全都是以性价比为核心武器的。”

当我们在仰望品牌溢价的同时，不要忘记溢价的另一面，高性价比也是核心武器。市场行情不好时，低价和性价比变成了最理所当然的拉新策略，用超低价击穿用户心智，商城自然流冲洗未成单用户，考核订单数才是下一个平台增长点。

3. 基于趋势改模式

过往在抖音拿到大结果的团队，无一例外都是吃透了“内容场流量”，大家统一的模式都是“爆品驱动”，单一爆品承担90%的GMV增长。但是如今，各地的打品团队陆续撤离战场，因为大家已经达成了基本共识：“纯靠前端的竞价投放这盘生意的ROI很难盈利。”

抖音生意的健康模型必须找到流量溢出渠道，才算健康。

流量溢出渠道可以是淘宝、京东、天猫、线下、经销商、代理、估值和故事等，不管是什么但必须得有。流量溢出的核心考核是“渠道渗透率”和“复购率”，渠道渗透率高流量溢出才能承接得好，复购率高才能算透前端亏损的账。

抖音的发力重点依旧是抖音商城，抖音商城流量的介入一定会颠覆以往的运营模式，从单一爆品打法，走向抖音全域 ROI 考核。业务重点是“跳出直播间看，看全域”。所以，必须积极拥抱抖音商城流量政策，品牌店铺的商品组合策略也要发生变化。

一类货盘架构是支撑品牌直播间去做付费投流，定价策略是保持性价比不变的情况下，尽可能提高单链接客单价，以便于千川计划高出价抢量。

另一类货盘架构是要考虑专门针对商城流量的运维，低客单价是核心，这里的低客单并不是让品牌去单独出低价产品，而是需要推出非套组常规单品链接去做商城流量的运维。紧跟趋势，基于趋势改模式，同一个店铺，根据流量渠道去匹配不同的产品组合。做抖音三年，看过了抖音一路以来的发展史，我最大的感受是**“永远不变的是变化”，变化中不变的是“内容 + 产品”**。

快一步等于错失，快半步等于先知；你可以不屠龙，但不能不磨刀，搭建内容团队的目的是应对接下来的素材内卷，重视商城流量运维是提效增利，为货架电商打法转折点做好准备。如果你问抖音电商还有红利吗？我想说：万物皆有裂痕，那是光照进来的地方。

5.7　建立“内容工厂”，提升内容生产效率

起初我特别排斥“内容工厂”这个概念，感性里认为内容还是非标品，无法被标准化，无法复制无法规模。而现实情况是公司越往前走，就会想尽各种方式“**把非标尽可能标准**”，灵感是靠不住的，只有方法论和工业化流程才能确保产出的稳定性。

在行业里待得越久就越会发现，内容是分层级的：头部内容从业者无法培养，只能靠筛选，他们多数是斜杠青年，洞察力、共情力、悟性都是异于常人的，骨子里就是那种，做啥事基本都能成的感觉；肩部内容从业者靠捅破窗户纸，成长过程基本遵从自己的阅历和工作经验的积累，能有 80 分的自我产出，剩下 20 分需要靠前辈指点或客户敲打修正或数据反馈调整，量变引起质变，项目做得多了，窗户纸自然就捅破了，也就开窍了。腰部内容从业者靠的是执行力，基于方法论的“模

仿”，乍一听不是什么好词，但是实际情况是这种笨办法反而最有效，尤其是针对电商赛道。

坦率地讲，电商领域的内容人才密度是极低的，95% 的内容只需要腰部从业者解决即可，如果公司有个肩部内容人才，成绩就都会显得格外出众。**所以电商领域的内容人才最重要的能力是“强执行力”，有一个肩部人才制定内容策略和业务方法论就可以保障整个团队的正常运行。**

尤其是信息流行业，人才密度低的情况下，妥协的解决方案就是让“**效率扛大旗，数量搏概率**”。效率扛大旗，数量搏概率的大前提，是有肩部内容人才指导下的内容策略和方法论，不是尾部从业者的埋头瞎干。电商公司的内容人才标准，90% 找腰部强执行力，10% 找肩部从业者定方向定策略定方法论。短视频时代下，优秀的公司应该是制定内容标准，沉淀业务方法论，以标准化 SOP 准则提升人才密度，体系建立自然形成系统，系统的好处是可以把 60 分的人员提升至 80 分的产出。

举个例子，一个非标的短视频哪些部分是可以标准化的？

（1）统一的字幕设计样式，所有剪辑遵循这个标准，用模板规范审美，从零件开始优化。

（2）拆分工作细节，专人专岗保质量，比如具备调色能力的剪辑岗很难招聘，不如所有拍摄镜头由调色岗做统一调色，直接将成品镜头给到剪辑岗使用，从画面开始做约束，统一所有人的画面产出质量。

（3）肩部人才制定内容策略和业务方法，输出“爆款模板”，确定模仿对象，找到“可量产且低成本的行业爆款内容方向”，由腰部从业者做强落地执行。

（4）规范爆款内容架构，给出可复制的文案架构模板，细化到每一句的结构要求，比如第一句话的撰写要求及可套用模板，单句子字数限制，文案架构填空。

（5）规范摄影构图取景，建立自己行业的镜头参考库，摄影无非是依照镜头库里的 200 个镜头，换演员换场地，做微创新。

……

所以内容工厂的逻辑是成立的，工厂量产的是标准品，如果你有艺术品需求，再去找头部人才；艺术品被认可后，又会回到工厂量产，如此循环……而头部和肩部人才的作用，就是“生产可复制的模板”，供腰部从业者使用。

所以，不必焦虑内容人才匮乏。决策层补齐认知后，才能找到解决方法，去找到供腰部人才强执行的依据规范，沉淀所属行业的方法论，才是正解。

5.8　遵守抖音平台规则，创造长期价值

“在路上捡到一支真枪。因为年少无知。天不怕地不怕，他扣下扳机，认为自己开了空枪，后来他三十岁或者更老，走在路上听到背后隐隐的风声，他转过身去，子弹正中眉心。”

这是孙立哲所写的《想念史铁生》中的一段精彩的书评。而抖音于所有人而言，又何曾不是一把枪，打品团队的狂欢，是新一代流量弄潮儿自以为是的商场悟道；打品团队的离场，是流量红利消失后规则的完善对投机分子暴富梦的粉碎。

“惨烈而无序的竞争往往会出人意料地诞生出一位年轻而狂暴的盟主，而很快，一场接一场的“以暴易暴”又让市场最终成为一片无法继续生存的焦土。”

这大抵就是当下的跑品团队的困境和千川跑品玩法的穿途，“原始积累的每个毛孔都充满了血腥”，这句话是对当下年轻创业者最大的误导和荼毒。

1. 媒介变革下的流量生态位

每一次主流媒介的变革都会产生对应的“**流量生态位**”，也就是供求关系不匹配的流量红利，我们也把它称为流量价值洼地。从纸媒时代到广播电台再到电视广告，后又发展到互联

网网站到公众号再到短视频平台，总有对流量有着敏锐嗅觉的玩家，抓住了一波又一波“**流量红利**”。

流量红利的商业模式下，靠的不是产品，而是信息差和监管漏洞。自姜伟把沈阳飞龙牌保健品打出“包治百病”的广告口号以后，功效产品的效果夸张宣传早就是广告营销里的家常便饭。

他们信奉的商业法则是产品买卖交易里永远存在信息差，广告法的监管规则永远有漏洞。

我们以打品团队为例，在抖音，所有的千川打品玩家默认的准则是毛利率低于 60% 的产品坚决不干，哪怕是毛利率为 80% 及以上的产品，用出厂价十倍的定价率才能维持竞价广告的销售模式。选品有讲究，卖的不是产品，卖的是“**每一代人的通病问题**”的心理安慰剂，如减肥、防脱、美白、祛斑、滋阴、补肾等功效品；亦或是广告夸张造假的黑科技，如遮瑕霜、卸妆油、爆炸盐、一洗白、一擦净等产品。此时，卖点的可视化表达还不够，需要的是“**卖点魔术般的效果**”，以超预期的展示效果激发顾客的购买兴趣。所以这一阶段比拼的是“擦边力”和“执行力”，擦边力是指谁的内容尺度足够大，谁的广告更能有超预期的展示效果且能过审；执行力是指谁更能敏锐地嗅到市场痛点，基于卖点魔术般的展示效果做产品的微创新，抄品跟品以废店为代价的暴利捞金。这是每次媒介变革下，平台商业化未成熟，监管体系不完善时的短期流量红利。

当平台商业化成熟以后，这类产品和玩法会被平台打压。当玩法渐渐失效时，这拨玩家会再去寻找另一个“流量价值洼地”平台，如小红书、视频号或 B 站，以此循环。对于他们而言，抖音就是一个流量价值洼地，它是一个流量渠道，产品仅是流量变现的手段，无关乎消费，无关乎零售，更无关乎品牌。

所以，以分销渠道的姿态入场流量渠道，肯定会惨败，这是品牌在抖音败北的最大原因。白牌是流量打法，品牌是快消打法，这就是品牌打不过白牌的巨量 1.0 时代。

2. 被带偏的品牌误入歧途

秩序的荒乱与荒乱的秩序，造成的结果是“品牌误入歧途，眼红白牌流量打法的性感，不顾自身优势而乱开品、乱调整、乱学习。”品牌开始羡慕白牌的粗暴野蛮打法，全然不顾能爆量的大前提是“踩着审查边缘的红线，戴着广告法的镣铐跳舞，亦或是靠极度下沉的素材画面，筛选仍处在信息差最底层的那部分小镇青年和小镇中老年”。

极度夸张的卖点造假视频之所以能跑量，就是因为信息差的存在，这拨用户还没上过当受过骗。而二类广告属性素材的消耗极速衰退，是因为消费者信息差在被逐渐磨平。各位品牌掌门人们需要警醒，“品牌白牌化，白牌品牌化”是一句听起来正确，回头看全是错误的品牌自我阉割和妥协。因为大家的生意模式不一样，产品毛利结构不一样，产品复购期许不一样，以欺诈的手段博取流量的内容形式套路，是不自知的自损品牌资产。

当尘埃落定后，才猛然发现决策的错误与错误决策的执行，会给成熟的团队带来无法挽回的创伤。好似一位醉酒后的青年，迷失在外面的花花世界中，错把艳遇看成初恋，误把霓虹比作爱情。品牌应该学习白牌的流量敏锐嗅觉，不应该学习白牌的内容形式；应该学习白牌的用户市场洞察，不应该学习白牌的卖点诈骗式虚假；应该学习白牌的组织运转效率，不应该学习白牌自满自负的对广告法的蔑视。

“经营者为了市场功利可以无视一切道德秩序和游戏规则，而其破坏的技巧竟被普遍地看成他们商业智慧的一部分。”虚假广告的夸大，极度夸张的效果呈现及暗示，是上个电视时代老一辈企业家玩剩下的套路和章法，唯独不变的是新媒介的创业者依旧把民众的智商按在地上摩擦，以此来筛选愚众与一直被埋在信息差最底层的消费者，称他们为下沉市场用户亦或是小镇青年和小镇中老年。流量型生意可以换来短期的 GMV 增长，但是牺牲内容底线的白牌化内容套路打法，只是向流量低头和妥协的一时的虚假繁荣，无法形成任何品牌资产和人群资产。

白牌品牌化犯的错误，是误把一时的流量红利认为是自己产品的实力和品牌经营的能力。GMV 的猛增很容易让人迷失，但是品牌之路谈何容易？靠流量打法拿到结果的玩家们在品牌梦的路上折戟沉沙，把靠流量赚来的钱输在了造梦路上。

新事物和新平台的崛起，给一无所有的年轻人大展拳脚的机会，因为在该领域你只要稍有建树，站在稍高一点的土墩上，迎风一吼，便可以自称新时代的英雄。因为“新”，所以并不需要经验，靠能力、胆识和运气就可以。

3. 复盘看不见的认知盲区

我们不禁要问，那些在抖音长期霸榜的品牌，做对了什么？那些在抖音霸榜且利润正向的品牌又做对什么？仔细分析过后，我们得出几乎一致的答案：要么靠营销预算的狂砸支撑销售体量，要么靠不断精进迭代的玩法搞定了相对便宜的流量。

新锐品牌营销预算在抖音的狂砸，是破釜沉舟的豪赌，又是理性分析后的媒介杠杆价值的最大化。因为细数每次媒介变革，都存在借流量洼地而崛起的品牌。这些品牌风口过后能活下去，靠的是夯实的产品和组织的自我革新，风口过后死去的每个品牌都有着各自不同的死法，而死法的统一征兆就是“流量红利消失后，随着短板暴露而遭受致命一击”。

不断精进迭代的玩法搞定了相对便宜的流量，靠的是无限次的精细化运营。或许是比同行优质率更高的千川素材，更有效的达人利用，更快一步的新内容形式套用，更早一步的潜力达人发掘，更快一步的新流量价值洼地发现，本质都是靠运营内卷搞定了相对便宜的流量。

“好的产品和模式，是不会太卷的运营，这种产品和模式能够让你的核心竞争力持续保持总成本领先，赚钱说白了，就是总成本领先别人，包含了你的营销成本。用一句话概述就是：持续打造能让你总成本领先的产品和模式。”——咚吃品牌创始人

术有术的打法，道有道的追求。当一个周期结束以后，我们跳出再回头看踩过的坑和错失的机会，会更加透彻清晰，复盘总结警诫自己，不要在下一个周期犯同样的错误，踩同样的坑。BOP（波普专研）创始人对复盘有不一样的理解，他说：

“复盘不只看哪些东西做得不对，还要看哪些对的东西我们没做。”

是啊，我们总是盯着自己的一亩三分地，复盘哪些地方做得不好，而忘记多看看外面的世界，看看哪些正确的东西我们还没有做。运营的优化只解近忧，不解远渴，品牌策略＞内容策略＞内容执行，要把更多精力放到解决问题的关键项。

“鲁莽者要学会思考，善思者要克服的是犹豫。目的可求完美，举步之际则无须周全。”——史铁生

“无须周全”的大前提是“目的可求完美”，肆意地破坏规则和重蹈覆辙，到头来终将付出代价。而我们要做的是看清认知盲区，回归第一性原理，谨记营销终点是价值观，社会早晚会奖励那些不断地创造长期价值的企业们。

5.9　先有生意经营再谈品牌建设，务实不务虚

“企业面临的不是天气的季节性变化，而是气候的根本性变化。个位数的增长将是未来多数行业的常态。这时候，企业需要的是调整自己成为适应冬天气候的物种，而不是幻想冬天的过去。”——曾鸣

灵魂拷问一下，一家消费品公司的营业额从零到 1 亿元

需要多长时间？

在抖音这个媒介出现之前，答案可能是一两年。

但随着抖音的崛起，惊人的答案出现了：两个月。两个月不是个例，也不是幸存者偏差，而是真真切切的案例和摆在我们面前的实际数据，让我们反思“流量红利”或“媒介变革红利”对新锐品牌成长的加速究竟有多大，并思考是要困在旧思维下故步自封，还是要拥抱新媒介、拥抱新基建，趁东风跟趋势，抓住这波媒介变革下的机会窗口。

倘若我们回到五年前的新消费市场，彼时新锐品牌的融资环境可谓品牌梦创业者的天堂，那是靠着一个想法，靠着几个包装设计，靠着一波概念输出就可以融资的年代。这一波新锐品牌创业者的通病是：品牌建设 > 生意经营。他们将品牌基建、品牌文化、品牌建设等都想得特别清楚，将包装设计、文化内涵、品味调性都构思得很好，唯独缺乏“经营思维”。

这一波创业者中，失败者的弊病是“务虚大于务实”，其理想主义的激情被现实残酷磨灭后，剩下的就是不得不向流量低头，不得不向生意低头。而抖音媒介的崛起，我们看到一波不一样的新锐品牌创业者，正在用另一种姿态崛起。与前者相比，他们的特点是“务实大于务虚”，典型特征为：

生意经营 > 品牌建设。

起势靠流量，成败靠产品，穿越周期靠品牌。

我们先分析利用抖音媒介的新锐品牌创业者，他们对待市场更理性。首先他们清晰地知道，一定的规模加上稳定的利润是活下去的先决条件。

先做一个畅销的牌子，其次才是品牌。先解决经营问题，等赚钱了以后再去弥补缺失的东西，即补齐品牌基建、品牌文化、品牌建设。

简而言之，就是起势靠流量。

这些创业者通常有极强的“流量敏锐嗅觉”，能发掘不同时期不同阶段的流量洼地。

我们细数往期成功的新锐品牌，他们都是在不同的媒介变革阶段找到了对应的流量洼地，靠着比竞争对手相对便宜的流量成本抢占一席之地。这里的流量洼地可以指平台红利，如公众号派单红利、天猫崛起淘品牌红利、淘宝直播红利、小红书种草红利、抖音 DOU+ 时代红利、抖音 KOC 矩阵红利等；也可以指大流量主播，如骆王宇、金星、郝邵文、湖远行、章小蕙等。

因为新媒介的变革、新基建的出现，新锐品牌创业者才获得了弯道超车的机会，从而避免了在原有场域中和已经成名的品牌正面硬碰硬地竞争。所以说，起势靠流量，重点是流量洼地的发掘，要找到比竞争对手的成本更低的流量价值洼地。

虽然起势靠流量，但成败要靠产品。

抖音曾一度是“电商黑五类”的天下，“电商黑五类”的白牌创业者本质上不是在做产品，而是在做流量价格差。

他们仅仅是把产品作为流量价格差的变现手段而已，流量价格差的背后是用户信息差，即用户对某些产品价格的低敏感度，对某些产品功效有效性的低判断力；以及对广告法和平台监管的短期擦边博弈。

这些创业者通常有流量的获取能力，但是其产品定价过高，产品过于智商税而阻断了复购和长期经营。因此起势以后，就一定要靠产品了。

产品的其中一层是产品品质过关，至少是 80 分的水平，让用户挑不出毛病，且有一定的复购，用户可以长期经营，可以吃到稳定的动销。

产品的另一层是供应链，起势以后很多新锐品牌创业者败在了供应链上，要么是因为产销不一体的失控，要么是因为规模化增长带来的品质瑕疵和产品漏洞。靠抖音起势的第一波收割型品牌已经退出历史舞台，我们戏称它们为“白牌打法”，随之崛起的是“看着像品牌的白牌”。

我们先粗浅地把品牌分为消费属性品牌和文化属性品牌。消费属性品牌满足大众的品类需求，谈不上对品牌的喜欢，仅有对品类的需求，且价格合适，质量过关。文化属性品牌则不仅仅满足品类需求，同时有品牌文化附加值，消费者会从中寻找情感认同、价值认同、审美认同，甚至有偏好优越感。

靠抖音起势的“看着像品牌的白牌”通常是消费属性品牌。因为它们极度了解平台的流量洼地，了解哪种内容可以相对便宜地获取流量，从而基于内容出发去开发产品，优先考虑“内容友好型”产品。

何为内容友好型产品？即不需要过多描述，纯靠展示产品，或展示功能就具备内容属性的产品，也可以理解为“卖点的可视化表达”或“魔术化卖点”或“高颜值产品”。类似的产品有卸妆油、遮瑕霜、素颜霜、彩妆工具等。

开发该类型的产品通常选择无强心智，体感明显且不需要强教育的类目，或者趁大牌还没反应过来填补新的需求空白，或者借技术的升级迭代颠覆老产品，或者利用新消费理念替代老品牌。

当白牌占据一定市场份额，同时产品品质有保障，产品品质可以支撑长效经营时，便开始“像品牌”了。该白牌由此开始疯狂补品牌基建，补品牌文化，补品牌调性，至少先从明面上做到品牌视觉统一。

“仓廪实而知礼节”，有盈利后才敢去尝试一些看不见即时 ROI 投产的市场动作，以此来突破原有的束缚，企图通过几次营销事件做华丽转变。这是在讲“品牌白牌化，白牌品牌化”。

这是一个必然的趋势，因为双方都有彼此要学习借鉴的优点。品牌学习白牌的流量敏感嗅觉、流量获取效率、流量务实主义，白牌学习品牌的长期主义、产品主义、用户关系。

虽然“看起来像品牌的白牌打法”有很多弊病，如爆品驱动有品类无品牌、高费比驱动下冲不出抖音直播间、流量红利加持下只是短暂狂欢……但不可否认的是，这或许是当下新锐品牌活下来的最优解法，先保持不下牌桌的增长，等寒潮褪去后，才有新机会。我依旧坚信，新媒介的变革和新基建的出现，必然会沉淀出一套基于新媒介变革的新营销打法和新增长路径。这是时代赋予新营销人的机遇。

品牌广告与效果广告从来不是互斥关系，其区别仅在于长期有效还是短暂有效，而长期有效的难以评估的特点就导致了不可避免的试错和浪费，当兜里预算有限时，追随确定性才是关键。

“品牌广告之所以被唾弃，是因为大部分品牌广告依然停留在追求曝光量、点击量的传播表层，与品牌建设目标和企业长效经营渐行渐远，成了中看不中用的花架子。”

品牌广告面临的很多问题实际上是经营问题，但因为受国外的老旧营销理论的影响，现在很多品牌广告总是试图用宏大的叙事来解决小问题，从而离“人”与“经营”本身越来越远，而这实际上是本末倒置，会严重浪费预算。

要谨记，没有绝对的正确，只有相对的靠谱。

当下的经济趋势，从务实的角度来看，我更倾向于认可新锐品牌创业者，要先有生意经营再谈品牌建设，把预算花在刀刃上，有稳定的规模、稳定的增长、良好的口碑，时间久了，牌子会自然而然成为品牌。